海外中国研究丛书

—— 到中国之外发现中国

［美］刘子健 著 赵冬梅 译

James T.C.Liu

两宋之际的文化转向

中国转向内在

Intellectual-Political Changes
in the Early Twelfth Century

China Turning
Inward

江苏人民出版社

图书在版编目(CIP)数据

中国转向内在:两宋之际的文化转向/(美)刘子健著;赵冬梅译. --南京:江苏人民出版社,2023.4(2024.1重印)

(海外中国研究丛书 / 刘东主编)

书名原文:China Turning Inward:Intellectual-Political Changes in the Early Twelfth Century

ISBN 978 - 7 - 214 - 27003 - 0

Ⅰ.①中…　Ⅱ.①刘…②赵…　Ⅲ.①文化史-研究-中国-宋代　Ⅳ.①K244.03

中国版本图书馆 CIP 数据核字(2023)第 042783 号

江苏省版权局著作权合同登记:图字 10 - 2006 - 093

书　　　名　中国转向内在:两宋之际的文化转向
著　　　者　[美]刘子健
译　　　者　赵冬梅
责 任 编 辑　胡海弘
装 帧 设 计　周伟伟
责 任 监 制　王　娟
出 版 发 行　江苏人民出版社
地　　　址　南京市湖南路 1 号 A 楼,邮编:210009
照　　　排　江苏凤凰制版有限公司
印　　　刷　苏州市越洋印刷有限公司
开　　　本　652 毫米×960 毫米　1/16
印　　　张　13.5　插页 4
字　　　数　150 千字
版　　　次　2023 年 4 月第 3 版
印　　　次　2024 年 1 月第 3 次印刷
标 准 书 号　ISBN 978 - 7 - 214 - 27003 - 0
定　　　价　68.00 元

(江苏人民出版社图书凡印装错误可向承印厂调换)

序"海外中国研究丛书"

　　中国曾经遗忘过世界，但世界却并未因此而遗忘中国。
令人嗟讶的是，20世纪60年代以后，就在中国越来越闭锁的
同时，世界各国的中国研究却得到了越来越富于成果的发展。
而到了中国门户重开的今天，这种发展就把国内学界逼到了
如此的窘境：我们不仅必须放眼海外去认识世界，还必须放眼
海外来重新认识中国；不仅必须向国内读者迻译海外的西学，
还必须向他们系统地介绍海外的中学。

　　这个系列不可避免地会加深我们150年以来一直怀有
的危机感和失落感，因为单是它的学术水准也足以提醒我
们，中国文明在现时代所面对的绝不再是某个粗蛮不文
的、很快就将被自己同化的、马背上的战胜者，而是一个高
度发展了的、必将对自己的根本价值取向大大触动的文
明。可正因为这样，借别人的眼光去获得自知之明，又正是
摆在我们面前的紧迫历史使命，因为只要不跳出自家的文
化圈子去透过强烈的反差反观自身，中华文明就找不到进

入其现代形态的入口。

当然,既是本着这样的目的,我们就不能只从各家学说中筛选那些我们可以或者乐于接受的东西,否则我们的"筛子"本身就可能使读者失去选择、挑剔和批判的广阔天地。我们的译介毕竟还只是初步的尝试,而我们所努力去做的,毕竟也只是和读者一起去反复思索这些奉献给大家的东西。

刘　东

目 录

序　言

　　11 到 12 世纪，中国历史长河中出现了一场令人瞩目的转折。这场波澜壮阔的文化转型携蓄着巨大的能量，看起来似乎将生生不息，在更为广阔的领域引发转变。但是，事实恰恰相反，新的文化模式经过沉淀和自我充实后，转而趋向稳定、内向甚至是沉滞僵化，并在实际上渗透到整个国家，其影响一直到 20 世纪初期。其原因何在？这场转折，不仅为中国历史之关节所在，而且是世界历史的重要个案。

　　一些教科书将这个时期即宋代中国（960—1279 年），描述为"近代初期"（early modern）——大城市的兴起、蓬勃的城市化、手工业技术的进步、贸易的发达，凡此种种，无不令人称奇，尤其是纸币的使用，更是其他文化所难以想象的。伴随着经济进步的，更有文官制度的成熟、文官地位达于巅峰、法律受到尊崇、教育得到普及、文学艺术的种种成就，以及最后，但同样重要的——新儒家对古代遗产的重构。宋代中国因而具有了与近代欧洲相类似的某种表征，而且，它比欧洲要早得多。

本书却秉持一种截然相反的看法，其理论前提是：不同文化的演进并没有一个放之四海而皆准的模型，不是沿着单一的轨道、经过相同的特定步骤前进的。相反，不同的文化常常有着不同的发展重心。

viii

可想而知，将宋代中国视为"近代初期"的东西方史家是在比较史学或者说全球历史的关照之下，将欧洲历史当作了度量衡。因此，对于宋代，他们同样强调经济因素。但是，无论这些因素本身是多么重要，却不一定能构成前近代中国文化的重心。在宋代中国占据中心地位的，应当是与文化学术潮流密切相关的政治，而它们并非经济利益的全部或直接反映。

或者可以这样说，宋代中国有着专制的头脑、官僚的躯干和平民的四肢。总体而言，官僚统治阶级为经济发展制定规则并从中受益。它不允许商人或商人利益在决策中发出强音。的确，一些商人子弟可以通过科举考试带来的纵向社会流动加入统治阶级，但是，他们从此也便被士大夫圈的文化所同化，不再代表其家族的经济背景。

不应当将宋代中国称为"近代初期"，因为近代后期并没有接踵而至，甚至直到近代西方来临之时也没有出现。宋代是中国演进道路上官僚社会最发达、最先进的模式，其中的某些成就在表面上类似欧洲人后来所谓近代，仅此而已。

假如是这样，那么，为什么在许多方面都发达和先进的宋代统治阶级，没有向更广阔的领域继续开拓，却反而转向了内向？这便是本书所要探究的核心问题。

对许多人和事，我都怀着无比的感激。对我的妻子刘王惠箴博士，我要感谢她从未间断的宽容和谅解；对中国燕京大学和美国哈佛-燕京学社已故的洪业教授（William Hung），我要感谢他在学术上的多方垂范；对我的母校匹兹堡大学已故的 Leland D. Baldwin 教授和 George B. Fowler 教授，我要感谢他们时常提醒我要立论持平；对哈佛大学退休教授杨联陞先生，我要感谢他的博学多闻，在我做客坎特伯雷的数年中，他曾慷慨地给予我建议；对已故的 Anatole Mazour 教授和 Albert E. Dien 教授，我要感谢他们在斯坦福大学时给予我的鼓励；对杜维明教授，我要感谢他源源不断的激励，在他前往加州大学伯克莱分校和重返哈佛之前，我们曾在普林斯顿共同设计课程和从事编辑工作；我还要感谢普林斯顿的 Willard J. Peterson 教授，他参与我的讨论课程，对我的研究一直保持兴趣。

ix

我从与多位海外学者的不断交流中获益良多。在台北，有宋晞和王德毅教授；在北京，有邓广铭、王曾瑜、陈智超以及其他多位教授；在东京，有已故的青山定雄教授和我特别要提到的斯波义信教授；最后但同样重要的，还有京都的宫崎市定、佐伯富、竺沙雅章、梅原郁、衣川强诸教授。当然，本书的错误一概由我个人负责。

最后，我要感谢哈佛大学东亚研究出版部的 Katherine Keenum 博士，她以最大的耐心编辑本书，促其面世。我在普林斯顿东亚研究系的同事 James Geiss 博士也为本书的写作提供了许多建议。

导　言

　　南宋王朝(1127—1276 年)在错综纷乱的战火和灾难中诞生,然而,它最初几十年的政治、文化发展趋势却将塑造此后中国的形象,其影响绵延若干世纪。从某种意义上说,它所遭遇的为外来游牧民族所征服的打击,正部分契合了中国历史的大轮廓。知过往所以鉴未来,为了了解 12 世纪的特殊品格,有必要对此前的历史作一番简短回顾。

　　作为此期历史的较远背景,唐代是必须加以关注的。从 7 世纪到 9 世纪,唐帝国是人类文明的巅峰,它世界性的文化光芒从太平洋之滨一直投射到中亚细亚。唐和波斯、印度保持着松散的往来,对遥远而落后的欧洲则完全未知。10 世纪初,地方性的军事篡权者纷纷建立独立王国,唐王朝陷入军阀割据的灾难之中。内乱之外,又添外患,富于侵略性的北方游牧集团越过充满传奇色彩的长城一线,侵入中国北部。对于生活在平原上、以农耕为业的中原汉人来说,他们是外来的征服者,但是,他们中的大部分吸收了唐文化的多元因素,并与其本民族文化相融合。

　　汉化中国有着庞大的人口、广阔的土地和悠久的传统,长期战乱、异族入侵都未能阻挡它顽强地发展。在长江流域及其以南地区,经济增长依然活跃。一旦宋朝(960—1276 年)建立,和平重现,汉文化又将以更新、更强的生命力开花结果。

宋王朝统一了唐帝国的大部分农耕地区，但不是唐帝国的全部疆域。它采取亚洲定居国家遭受马背民族威胁时的通常对策，向北方好斗的邻居——契丹帝国缴纳岁币，来购买和平。一个半世纪以后，新的游牧民族出身的征服者——女真崛起。女真先是与宋结盟共灭契丹；而后继续推进，试图吞并整个黄河流域。那里是中华文明的摇篮，是被汉人充满深情地称为"中原"的地域。女真建国号为"金"，宣称自己是至高无上的，并索取比契丹高得多的岁币。宋朝百般努力，均未能收复北方领土，只好在中国的中、南部重建王朝，后世称之为"南宋"，其领土仅相当于原来的三分之二。

到 13 世纪，又一个游牧民族——蒙古的出现，宣告了南北分立局面的终结。这个世界征服者，像旋风一样席卷了从黄海到维也纳之门的整个欧亚大陆。在中国，蒙古人的朝代被称为"元"（1279—1368 年）。像那些取代唐朝的游牧民族一样，他们逐渐接受了汉人的方式。在西方，地理大发现激发了欧洲的扩张，世界历史进程正在发生转向；而中国人却继续以其独特的方式延伸着其独有的文化。直到 20 世纪，宋代汉人生活中最富特色的东西仍然清晰可辨。

国家被异族征服，而汉文化延续不衰，二者相互平衡，构成中国历史的模式之一。汉文化绵延不绝，但绝非静止不变。这是历史的大轮廓，它传递着某种真实。然而，要想更深入地理解历史全景，就必须靠得更近一些，仔细观察那些构成历史发展轮廓的细小片断。每个王朝既有相似之处，更有独特之处。具体到宋朝，至关重要的是观察南宋之所以区别于北宋（960—1126 年）而构成一特定历史时期的因素。它将帮助人们理解：为什么在此后的若干世纪当中，许多中国人所珍视的传统都以南宋的方式延续着？有鉴于此，本书开宗明义，把研究焦点置于 12 世纪中国政治发展和文化发展之间的互动模式。

第一部分

从北宋到南宋

第一章　关注差异

现代历史学家大多倾向于按照中国史料传统,以朝代划
分中国历史。然而,将宋朝——北宋和南宋——视为一个历
史时期却可能是一个陷阱。千真万确,当女真人控制了北
宋首都开封和令人魂牵梦萦的中原之后,继起于南方的王
室和政府都将自己视为宋王朝的合法延续。然而,此际的
中国却经历着巨变。就在北宋灭亡以前,经济重心已经在
向长江三角洲转移,后来,南宋在那里建立了首都临安(今
杭州)。① 经济而外,还有文化和政治的转折,而后者正是本书
的研究主题。毫无疑问,南宋初期发生了重要的转型。这一转型
不仅使南宋呈现出与北宋迥然不同的面貌,而且塑造了此后若干
世纪中中国的形象。

现代历史学家常常忽略两宋的差异,而更重视唐宋之际的巨
大分野,即古代中国和晚近中国的分野。其中更有人在宋代观察
到了世界历史的前进洪流,因为宋代生活的许多特征都与几个世

---

① 张家驹:《两宋经济重心的南移》;Chi Ch'ao-t'ing:*Key Economic Areas in Chinese History*(《中国历史上的关键经济区》);刘子健:《背海立国与半壁山河》。

纪以后近代欧洲的发展相类似。①

举例而言，在政府方面，宋代继承并发展了唐代的官僚行政体制。② 皇帝之下，是庞大的集权制行政机构，其成员为士大夫，其中的大多数通过公平的书面考试入仕，通过资历、德行评定和荐举循资迁转。他们遵循特定的律、令、格、式和编敕处理行政事务。这些官僚并非拥有封建领地的世袭贵族，因而需要在城市里置办永久性居所。在宋代中国，人口在 10 万以上的城市有两打之多。当威尼斯和巴黎还只有 10 万居民时，③北宋首都开封就已经拥有 100 万人口，而南宋首都临安的城市人口则达到 150 万。更重要的是，开封、临安以及其他大城市是活跃而开放的，④商业、手工业和娱乐业欣

8

---

① Chan, Wing-tsit: *A Source Book in Chinese Philosophy*（《中国哲学史料》），第 450—653 页；钱穆：《国史大纲》，第 396—430 页；James T. C. Liu（刘子健）："The Neo-traditional Period（ca 800—1900）in Chinese History"［《中国历史上的新传统主义时期（约 800—1900）》］；砺波护：《宋代士大夫的形成》；Reischauer 和 Fairbank: *East Asia: The Great Tradition*（《东亚：巨大的传统》），第 183—242 页。
② 青山定雄：《五代和宋江西的新兴官僚》；钱穆：《论宋代相权》；金中枢：《宋代三省长官废置之研究》；Gong, Wei Ai: "The Participation of Censorial Officials in Politics during the Northern Sung Dynasty"（《北宋监察官对政治的参与》），"The Usurpation of Power by Ch'in Kuei through the Censorial Organ（1138—1155 A. D.）"（《秦桧之通过监察机构窃取权力》）和"The Role of Censorial Officials in the Power Struggle during the Last Years of the Southern Sung Dynasty"（《南宋末年监察官在权力斗争中的作用》）；梁天锡：《北宋台谏制度之转变》；林天蔚：《宋史试析》；宫崎市定：《宋代官制序说》柳田节子：《宋代中央集权中文官支配的形成》。
③ Mumford: *The City in History: Its Origins, Its Transformations, and Its Prospects*（《历史上的城市：起源、转型和前景》），第 259—260 页。
④ 孟元老：《东京梦华录》，关于开封唯一的记录，1956 年的影印本附有四种有关杭州的记录。参见张家驹：《中国社会中心之转移》；全汉昇：《宋代东京对于杭州都市文明的影响》和《宋代广州的国内外贸易》；Finegan: "Urbanism in Sung China"（《宋代中国的城市化》）；Gernet: *Daily Life in China on the Eve of the Mongol Invasion*（《蒙元入侵前夜的中国日常生活》）；梁庚尧：《南宋城市的发展》；Ma：《宋代中国的商业发展和城市变迁》；斯波义信：《10—13 世纪中国城市的转变》和《宋代湖州市镇的发展》；曾我部静雄：《开封与杭州》；梅原郁：《宋代的地方小城市的一个方面：以镇的变迁为中心》和《宋代的地方城市》。

欣向荣,儒、释、道三教的活动和节日并存,纸币在流通,[1]印刷术(尽管还不是活字印刷)使书籍变得容易获得和相对便宜。生活优裕的士大夫与劳动阶层比邻而居,朝夕相对。官员、商人、香客和流浪艺人在城市与城市之间旅行,将市民文化传播到乡村,返乡过节的工人则把最新的流行带回家乡。尽管只有少数商品形成了全国性市场,多环节的供应渠道却已经使得大米、茶、丝等商品形成了地区间和地区性的贸易市场。

与市民生活同等重要的是农村生活,宋代经济的基础是农业,是当时世界上最高产、技术最发达的农业。[2] 早熟水稻良种的推广使得同一地块上的一年两熟制成为可能,而与此同时,欧洲却仍然盛行着落后的二田制或三田制,每年都有一半或三分之一的可耕地处于抛荒状态。灌溉用水车以及水动的给水、排水、脱粒、碾磨机械的发明使中国的粮食产量持续增长,加之大约人均两英亩的可耕地,所有这些使得中国成为当时世界上最富裕的农业国。制造业也取得了长足的进步,特别是在瓷器等优质商品的制造方面,许多工序是在拥有 500 名雇工的工厂里完成的,这

---

① 全汉昇:《唐宋政府岁入与货币经济的关系》;Ferenczy:"On State Regulation of Money Circulation in Sung China"(《宋代有关货币流通方面的国家规定》);Hartwell:"The Evolution of the Early Northern Sung Monetary System,960—1025"[《北宋早期(960—1025)货币制度的演变》]和"Classical Chinese Monetary Analysis and Economic Policy in Tang-Northern Sung China"(《唐与北宋的中国古典货币分析和经济政策》);加藤繁:《唐宋时期的金银研究》和《中国经济史考证》;草野靖:《南宋行在会子的发展》;宫崎市定:《五代宋初的通货问题》;曾我部静雄:《日宋金货币交流史》。

② 天野元之助:《陈敷的〈农书〉和水稻种植技术的发展》;日野开三郎:《宋代稻种借贷和种植苗额考》;Ping-ti Ho(何炳棣):"Early-ripening Rice in Chinese History"(《中国历史上的早熟稻》);加藤繁:《中国经济史考证》;梁庚尧:《南宋的农村经济》。

些工人按照一定的劳动分工工作。①

9　　所有这些关于宋代生活的方方面面听起来的确相当"摩登"，因此，此期有时又被贴上中国近代初期的标签。② 然而，这种观点不无漏洞：宋代中国之后，既没有持续的近代化进程接踵而至，以后也没有出现近代化的发展。近代化的外表之下，却自相矛盾地生长出顽固的传统。那些可以被描述为近代特征的东西，凝结为一种顽固的文化类型，它们继续发展，但不是扩展成为新的思想和技术，而是不断地自我完善。举例言之，尽管出现了商业主义的抬头和经济的不断扩展，士大夫们却仍然瞧不起商业和制造业，而更愿意追求经典教育和仕途。首先是政府作为团体，其次是官僚作为个人，构成了商品的最基本消费者，而两者都无意推动商业的发展。11 世纪中叶王安石变法之后，他们甚至对政府计划经济也兴趣全无。相反，当时势艰难时，他们强调节俭，重申

---

① 季子涯：《宋代手工业简况》；洪焕春：《宋代的生产技术》；柯昌基：《宋代雇佣关系的初步探索》，部分译文见 James T. C. Liu（刘子健）和 Peter Golas 主编：*Change in Sung China: Innovation or Renovation?*（《宋代中国的变化：创新还是修旧?》）；苏金源：《论宋代客户的人身依附关系》王方中：《宋代民营手工业的社会经济性质》；吴天颖：《论宋代四川制盐业中的生产关系》。

② 天野元之助：《中国农具的发达》；方豪：《宋代的科学》；洪焕春：《十至十三世纪中国科学的主要成就》；Nakayama 和 Sivin：*Chinese Science: Explorations of an Ancient Tradition*（《中国科学：对一个古老的传统的探索》）；薮内清：《宋元时代的科学技术史》以及"引用书目"中所列其他著述。

　　关于独一无二的科学家沈括，参见张家驹：《沈括》；张荫麟：《沈括编年事辑》；胡道静：《梦溪笔谈补正》；Sivin："Shen Kua"，载 *Dictionary of Scientific Biography*（《沈括》，载《科学人物词典》）。本注不包括有关沈括医学知识的特别参考书。

　　关于宋代数学方面的参考书，请看钱宝琮编：《宋元数学史综述》；Lam: *A Critical Study of the "Yang Hui Suan Fa"*（《〈杨辉算法〉探研：一部 13 世纪的数学论文》）；Libbrecht: *Chinese Mathematics in the Thirteenth Century: The "Shu-shu Chiu-chang" of Ch'in Chiu-shao*（《13 世纪的中国数学：秦九韶的〈数书九章〉》）；薮内清：《中国的数学》。

儒家对于父系家族集团的重视,以此来促进人际互助。① 族规家范重新强调祖先崇拜的礼仪和儒家关于家庭的实际责任,其理由正和数百年前这些观念被首度表述出来时相仿佛,那时处于贵族社会中的人们渴望通过建立人际纽带寻求安全感。② 从以上这些以及其他许多方面来看,宋代中国特别是南宋,是顾后的,是内向的。许多原本趋向洪阔的外向的进步,却转向了一连串混杂交织的、内向的自我完善和自我强化,这中间必有缘故。那么,究竟应当怎样解释这一系列奇特的转变?

如果抛开二者表面上的相似性,不再生拉硬拽地将宋代中国的变化同近代欧洲相类比,那么,事情也许就不再那么令人困惑了。③ 造就宋代中国种种变化的,与促使欧洲最终迈入近代化的,是全然不同的环境和力量。宋代中国既有新的创造,也有对既定观念的革新;既有对新领域的开拓,也有对传统生活方式的重建,所有这一切都以独一无二的中国道路行进。宋代以后的中国或可称为新传统主义的,因为它重新发展了中国文化,在旧的基础之上萌生新的变化,新的变化又融会为悠久传统的一部分。而这传统从来不是一成不变的,它是一个不断经历修正、更新、丰 10 富、完善的有机体。

打个比方,宋代中国就像是一棵茂盛的老树,它爆发出令人称奇的生命力,长得比从前更高更大,新枝嫩叶覆盖着树身,树干下古老的根须在伸展。而后,一个风暴的季节损耗了它机体内部

① 张家驹:《中国社会中心之转移》;牧野巽:《近世中国宗族研究》;Twitchett: *Land Tenure and Social Order in T'ang and Sung China*(《唐宋的地租和社会结构》)。

② Hui-chen Wang Liu: *The Traditional Chinese Clan Rules*(《中国传统的族规》)或 "An Analysis of Chinese Clan Rules"(《对中国传统族规的分析》)。

③ Dawson: *The Chinese Chameleon: An Analysis of European Conceptions of Chinese Civilization*(《中国变色龙:欧洲视野中的中国文明》)。

的活力。残存的生命力转变成自我保护的功能。老树尽可能顽强地继续生长，而它的大小和形状却保持不变。那么，什么是它机体内部的致命变化？

仔细考察两宋之际的中国，给历史学家们留下印象更为深刻的往往是 11 世纪即北宋中期的多姿多彩的发展进步，而不是这些进步在 12 世纪即南宋所发生的转变。然而，更深入的研究将使我们的观察更为敏锐。事实上，就在 12 世纪持续发展的表象之下，质变已经出现。

抓住两个世纪之间质的区别的最便捷的办法，是强调彼此间的显著差异。这在方法论上是可行的，只要我们清醒地认识到这些差异并非全部事实。它们只是我们从自己的角度观察所得的镜像，正如我们在特殊光线下透过放大镜所看到的那样。

11 世纪是文化在精英中传播的时代。它开辟新的方向，开启新的、充满希望的道路，乐观而生机勃发。与之相比，在 12 世纪，精英文化将注意力转向巩固自身地位和在整个社会中扩展其影响。它变得前所未有地容易怀旧和内省，态度温和，语气审慎，有时甚至是悲观。一句话，北宋的特征是外向的，而南宋却在本质上趋向于内敛。

延续、综合、提炼的趋势并不意味着 12 世纪的精英文化走向保守。"保守"一词的字面意思无法揭示 12 世纪文化的真实意涵，事实上，它从未停止发展。相反，它向着比过去更深刻、更纯正，有时甚至是更高明的境界发展。其影响渗透到社会的各个阶层，最重要的是，深深地植入了全体中国人的寻常日用之中。这一点，特别要归功于新的儒家哲学流派即通称新儒家的努力，他们致力于教育和社会的重建。新儒家兴功之巨，惠人之众，在中国知识分子当中是绝无仅有的。[①] 但是，他们的努力绝大多数遵循固有轨道，极少试图探寻新的方向。简言之，精英文化在发展，但其发展限定在固有的范围之内，其创造力遭到了抑制。正是在此意义上，本书认为，从 12 世纪起，中国文化在整体上转向了内向化。当然，问题仍然没有解决，这又是为什么？

线索与方法

治史者多依兴趣之不同而偏重北宋或南宋。例如，研究北宋政治的论著多于南宋，而研究南宋经济和艺术的超过北宋。研究哲学的论著，大量集中于南宋的领军人物朱熹（1130—1200 年），有时还将这位正统新儒家的集大成者和开山鼻祖比拟为托玛斯·阿奎那。美中不足的是，这些论著很少明确注意到 11、12 世纪之交所发生的变化。对于变化的原因，一般论著的看法虽有欠深入，却提供了一些有益的线索，可以帮助我们寻根究底。[②]

第一个观点是政治地理学的：相对于大金，南宋版图萎缩，沦落为次等国家，士大夫的眼光和视野因而变得短浅低下。这理论看似合理但并不充分。北宋的领土比大唐要小得多，但其士大夫从未受到类似的限制。事实上，南宋的地理面积也不容低估。它开发西南，拓展其内陆领土；它改善交通手段，成果几乎遍及全

---

① De Bary，Chan 和 Watson 编：*Sources of Chinese Tradition*；De Bary 和 Bloom 编：*Principles and Practicality：Essays in Neo-Confucianism and Practical Learning*（《原则与实践：新儒家和实学论文选》）；Fairbank 编：*Chinese Thought and Institutions*（《中国的思想和组织》）；Nivison 和 Wright 编：*Confucianism in Action*（《行动的儒家》）；Wright 编：*The Confucian Persuasion*（《儒家思想》）；Wright 和 Twitchett 编：*Confucian Personalities*（《儒家人格》）。

② 张孟伦：《宋代兴亡史》；方豪：《宋史》；陶晋生：《边疆史研究集：宋金时期》；姚从吾：《东北史论丛》。

12 境,让人们可以更加方便地远行。人们可以通过旅行来扩展视野,但参与者中士大夫为数寥寥。同样,随着海上交通线的开辟,人们可以到越南、泰国经商、游览以至定居,但参与其事的士大夫屈指可数。事实如此——虽然南宋的军事和外交相对软弱,但其文化的优越地位和优越感并未受到挑战。

第二个观点与第一个相关联:为抵抗外族威胁所消耗的巨额军费,奢侈腐朽的统治,导致文化发展资源不足。军事耗竭了资源,这是事实。但是,可供资源这一因素在文化发展中究竟是否具有如此决定性的作用,仍然值得质疑。再说,还有一个问题也需要考虑:士大夫在自己的财产之外,是否还曾经力图从国家和地方集团中调动更多的资源用于他们所热衷的文化事业?

第三个观点体现了马克思主义的传统思路:财富集中在地主或土地所有者阶级手中,他们沉溺于舒适享乐和奢侈品,既不为经济发展进行再投资,也不支持文化进步。但是,在相当大的程度上,统治阶级兼文化精英是由作为经济集团的地主阶级和士大夫重叠而成的。因此,只能说:在经济和文化领域,统治阶级的利益与被统治阶级,甚至和社会上大多数人的利益相违背。如果是这样,那又怎么解释社会结构与南宋相同的北宋所取得的辉煌文化成就?

第四个观点来自典型的中国传统历史观:皇帝没能听从儒家的好建议,作了坏决定。当皇帝在其位而不亲其政,将权力托付给代理人时,后者蠹政祸国,情况会变得更糟。这个观点基本正确,但还不足以回答我们的问题。毫无疑问,代理人可以决定政策和政局。但是,坏的政策和政局是如何影响知识分子的文化取向的呢? 这中间是否存在一个被忽略的环节?

上述观点是解决问题的有益线索,不可置之不理。比如,南

宋士大夫的见识确实呈现出受地域限制的特点,但这不是因为帝 13
国的范围比以前小,而是因为他们居住得彼此太过靠近。出于对
政治利益的考量,他们希望尽可能久居首都临安地区。他们在邻
近首都的地域购置私人住宅和地产,比如杭州湾沿岸、长江三角
洲或浙江东部。事实上,同故都开封相比,杭州的景色和气候都
更加宜人。① 再说,长江三角洲和浙江的太湖流域早已成为中国
的文化中心,这一点可以从中国文化史比如绘画史中得到了解。
因此,当开封不再是首都,构成大多数中国城市的最重要因
素——官僚退场之后,开封便退化成为不起眼的地方性城市。相
比之下,临安则不同,即使不再是政治上的首都,它的自然环境,
它作为港口城市的商业便利,以及它处于两大文化走廊结合点的
位置,都使临安得以继续它的繁荣。与之相矛盾的是,生活上的
不假远求于门槛之外,却在相当程度上造成了南宋士大夫视野的
狭窄。

　　强调资金耗于军事或者地主阶级奢侈生活的观点,启发我们
联想到儒家内部的不同派别。王安石变法时期,北宋曾经采取激
烈措施推进政改革,寻求天下之财的生长之道,限制税收体制
中的误收、滥收,大刀阔斧地推行各种机构改革。② 改革措施的
废除不只是一桩经济事件。正如马克思主义和其他一些用经济
原因解释历史的理论通常所宣称的,它是一项关系到整个地主统
治阶级的政治决策。当然,决策的制定还取决于官僚集团当权派

---

① 孟元老:《东京梦华录》。
② 漆侠:《王安石变法》;James T. C. Liu(刘子健):*Reform in Sung China：Wang An-shih*(1021—1086)*and his New Policies*(《宋代中国的改革:王安石及其新政》);
邓广铭:《王安石:中国十一世纪的改革家》;Williamson:*Wang An-shih：Chinese Statesman and Educationist of the Sung Dynasty*(《王安石:宋代中国的政治家和教育家》)。

的思想派别以及当时盛行的思想取向。

由此导向第四个即传统观点。除了判断皇帝或其代理人德行的善恶，现代政治学希望寻找进一步的解释：他们究竟握有多大权力，和别人分享的权力有多少。这就需要我们对权力结构加以检视。当宫廷和官僚能够有效地控制军队和各级地方政府，我们说中央控制（the central control）是坚强的；当皇帝或其代理人独立行使中央控制权——无论是出于个人意志还是制度使然，而官僚只能例行公事地从旁赞助，我们称之为宫廷的集权（concentration of power at court）；当决策由皇帝或其代理人独断或二者共谋，而官僚基本上无所折冲于其间时，我们称之为专制（autocracy）。专制是君主政体的一种独特运行模式。

在专制政体下，官僚分享行政权力但极少参与决策。当专制君主或其出身高官的代理人大权独揽，对反对意见采取不容忍甚至压制态度——不论这反对意见来自其他官僚、在野知识分子还是信仰坚诚的民间学者——专制便上升为独裁（absolutism）。独裁是君主政体的另一种运行模式，其本质，不仅意味着对决策权的任何分享都不复存在，还意味着对官方意识形态（例如儒家思想）权威的否定和游离。但独裁尚非暴政（despotic），因为它还颁布法律并有序运行。当然，权力构架的实际运行往往叠合了多种模式，中央控制、集权、专制、独裁等概念只可作为参照而已。

在宋朝，皇帝及其代理人之下是普通官僚层级。他们拥有自己的行政权限，可以通过官方或私人渠道表达个人观点，以此来扮演其政治角色。统治阶级中的这一群体，就是中国人所说的"士大夫"。有趣的是，受马克思主义影响的学者斥责他们，传统和现代的中国学者批评他们，但都没有具体分析其政治角色，更谈不上将其知识分子角色从政治中剥离出来独立分析，而忽略这一活跃的历史因素必将使我们错过大段的历史或曰事实。

那么,宋朝的士大夫究竟是一个怎样的群体? 他们是受过儒家经典及相关知识教育的无数个人,因此有时又被称为"士"。通过荐举或科举考试,他们成为文官集团中的终身成员或曰职业官僚。如此这般,他们构成统治阶级。他们拥有土地,但是一般而 15 言,以中国社会结构的价值标准衡量,这一点对他们来说远不如权柄、官阶、学术声望来得重要。士大夫兼学者与官僚于一身,故此,下文将着重考察其学术和政治两方面的活动是如何交织结合在一起的。

在宋朝,随着财富的增长和教育的普及,越来越多的书籍付诸印刷,科举考试的吸引力大大提高,知名学者、成功士大夫的地位也在不断抬升。但是,本文无意对其全体作出研究,而要把注意力集中于几位最杰出的知识分子。

在这里,知识分子指的是什么? 它不是诸如学者、作家、有学问的人、院士、教师,甚至有学问的官僚或明智的政治家等等宽泛名词的同义语。知识分子是具有精英地位的杰出学者,有着公认的学术成就,通常拥有官职或曾经在政府中供职;他关怀国家和社会的广泛利益,并能与他人分享其关怀,通过分享影响或试图影响思想和公共事务的发展趋势。这个定义将大多数普通文人,即"布衣"排除在外。丝织品是拥有官阶或功名的精英的社会标志,普通文人则无权穿用,故称"布衣",其社会地位低于精英。的确,不少"布衣"以其卓越的学识成为杰出的民间学者,获得了一些显要士大夫的尊敬与庇护,并能在地方教育或其他社区事务中发挥重要作用。但是,他们通常缺少权力,其社会地位与精英并不平等。因此,严格说来,此类民间学者,除非曾经影响一时之思想文化—政治走势,不可目为知识分子。同样标准适用于对功名持有者和士大夫的考量。其中的某些人确实比别人更有学问，并以其渊博的学识或其他成就受到侪辈的尊崇，又有崇高的社会地位，但是，我们也不能因此就把他们称为知识分子。

宋代知识分子共同珍视的价值观念集中在国家事务和社会福利两大领域，①他们通过对此类价值观念的探询追索寻求真理。真理即儒家所说的"道"，其含义超越各种特定学术专业的狭隘范畴。② 尽管一般而言，一个知识分子总要通过科举成为官员，但是，对"道"的最高追求始终要重于他对官僚生涯的渴望。③他是一个官员，却从不把自己局限在衙门的日常争讼中，而是保持着广泛的兴趣，关心国家政策、道德水准、精英行为、哲学倾向、社会福利和教育。一句话，他关怀儒家的理想生活之道。当与现行政策相忤时，不管在位还是遭罢免或主动辞职去位之后，他都会保持着同样的关怀而成为反对派精英的一分子。不管情势如何，他始终有一份同他人沟通的强烈欲望；因为他知道，单人独马绝不足以实现这些公共利益，必须说服其他人与自己朝着同一方向努力。简言之，知识分子是政治—思想文化舞台上的领衔主演。

这个定义不独适用于宋代中国。对国家事务的关怀和强烈的积极沟通意识对于其他文化中的知识分子同样适用，比如法国大革命前夜（那是"知识分子"一词最早出现的时代）和俄国革命时期的知识分子。当然，现代的革命语境与宋代无关，因为中国

---

① SYHA，卷 24 之 42、卷 40 之 98。
② 朱熹：《伊洛渊源录》，卷 1 之 3、卷 2 之 11。
③ SYHA，卷 32 之 89。

知识分子的儒家信仰从不主张用暴力改变社会秩序。①

资料与假设

观察两宋之际的转折，必须聚焦于从女真入侵到高宗（1127—1162 年在位）中兴、在南方再造宋朝的时期。此期既有表面上的大变动，其间所发生的一系列关键事件更在政治和思想文化方面产生了深远影响。然而，以往的研究大多围绕着几个战争英雄以及南宋朝廷所接受的屈辱和平。事实上，古代的史学家为我们研究此期的朝廷政治和思想文化氛围留下了丰富的史料，其主干包括《宋史》《宋会要辑稿》《文献通考》以及相当数量的士大夫文集和各类笔记小说等。②

两位历史学家在事后迅速而敏锐地意识到，此期正是帝国的存亡之秋，他们各自完成一部有关此期历史的宝贵著作。第一部《三朝北盟会编》，③是一部资料汇编。经过筛选的资料按编年顺序附录在每一重大事件之下，此事与彼事之间的联系往往显得不甚清楚。汇编者既没有打算组织这些信息，也不打算评价它们，却搜集了 196 件原始史料和其他散见的士大夫记载中透露出来的信息，我们应当为此感谢他。

第二部《建炎以来系年要录》堪称典范，著者为史学名家李心传。④ 建炎是中兴之主的第一个年号，因此，该书又或可称为《南

---

① 关于今天或 20 世纪晚期的相关事件，参见 Nathan Glazer 的文章，载 *The New York Times*（《纽约时报》），1984 年 2 月 26 日书评部分。

② 青山定雄：《宋会要研究备要》。

③ TMTY，第 1070—1071 页；HTC，第 2600、2618 页；陈乐素：《三朝北盟会编考》；王德毅：《徐梦莘年谱》。

④ HTC，第 2600、2618 页；TMTY，第 1041—1042 页；王德毅：《李心传年谱》。

宋建立以来的要事编年》。举世公认，李心传是一位能以最小的偏见最大限度地传递信息的学者。这种品质施之于一段多事之秋的历史的写作，更显弥足珍贵。1800 年左右，中国传统史学正处于实证研究的巅峰时期，几位著名历史学家通力合作著成不朽巨著《续资治通鉴》，其中大量引用《建炎以来系年要录》，而其著者只在其中少数记载中发现有细小的错误。①

　　然而，宋亡之后，在蒙古人统治时期，《系年要录》却从政府和大图书馆中消失了踪影。令人不免惊讶和遗憾的是，官修《宋史》的编辑者从未看到过这部书。还好，到了明朝初期，这部书又悄无声息地重现人世，与大批书籍一同被编入 15 世纪早期的巨型百科全书《永乐大典》，而当时的历史学家还没有注意到它。只有到了 1773 年，它才被"重新发现"并整理恢复成为一部独立行世的著作。这就使我们比那些主要依靠正史的前辈研究者处于更加有利的地位。实际上，本书的主要资料正来自这部《系年要录》。

　　仔细研究《系年要录》便会发现，在这个大转折的时期，存在着三个互有重叠而又各具主题的不同阶段。第一阶段，女真入侵和北宋悲剧性的灭亡引发了前所未有的震荡与屈辱。最让知识分子们感到震惊的，是那些他们熟识或曾闻其名的众多士大夫的无耻行径。显然，已有的儒家学说，不管其内容多么丰富多彩，在那些令人震惊的恶行面前，都显得苍白无力。这个粗暴的警示鞭策那些幻灭的知识分子要有一个全新的开始，他们相信儒家遗产亟须重建和加强。因此，第一阶段的主题便是震荡和反应。

　　第二阶段大致起于 1132 年杭州被选为朝廷的临时行在，止

---

① 王继：《续资治通鉴纂修刊刻考略》。

于 1138 年正式定都杭州,其主题是知识分子从关注制度转向道德关怀。南宋初期,不论是否出于公心,许多知识分子将帝国的衰亡归咎于 1069—1085 年间武断的变法,以及这场变法在1093—1125 年的再版。中兴之主赞同这种观点,并由此关闭了通向全面改革或任何机构变革的大门。富于怀旧色彩的王朝复兴观念引发了保守思潮,人们梦想回到太祖皇帝的黄金时代或至少变法之前的美好旧时光。一些知识分子怀着对变法及其恶果的强烈反感,不仅支持保守主义,而且身体力行,在对儒家遗产的解读中极力强调道德,坚信道德的方法是唯一出路,主张国家和社会都必须遵守道德,本书因此将他们称为道德保守主义者(moralistic conservatives)。

第三阶段持续时间相当长,从 1139 年与女真人进行和平谈判开始,一直到 1162 年中兴之主选择退位。这一阶段见证了道德保守主义者的儒家理想被现实权力政治轧为齑粉的事实。与其愿望相左,知识分子们发现朝廷变得专制,有时甚至是独裁。19出于战争的需要和国内国际双重的安全考虑,皇帝更倾向于大权独揽,在战争与和平这样的头等大事上自己单独拍板定案。当务之急有两项,一是让女真人停止侵略,二是将权力从那些不够忠诚听话的大将手中收回来。1141 年,他决定以屈辱的条件接受和平,并将权力托付给一位代理人以便平息反对意见。接着便出现了一连串反应,反对和议的知识分子,其中大多数是从道德标准出发的保守主义者,不断以非官方手段表达批评。在皇帝的支持授意下,其代理人、权相秦桧(1090—1155 年)将打击和议反对派的行动扩大成为压制不同思想、政见的一般性政策。[1] 压制的

---

① HNYL,第 2287、2431、2660、2769 页。

后果便是专制上升为独裁。这位权相死于 1155 年，之后，皇帝改变了一些极端的做法，但无意放弃压制政策，更谈不上改弦更张了，令人窒息的氛围仍然存在。

在错综复杂的整个转变过程中，思想文化的多元性几乎从未得到生存和发展的机会。生命力在消退，首先是从政治领域，然后是从思想文化领域，接下来，这种受压抑之后的谨小慎微的情绪向精英文化的其他领域弥散开去。知识分子首先发生变化，其他士大夫先是观望，而后跟进。整个统治阶级也随着精英的转向而转向，其影响逐渐波及整个社会。中国传统文化的模式由此发生了永久性的转变。

中兴之主统治的结束宣告了三个转型阶段的终结。其后，思想文化—政治氛围曾经出现显著改善，允许出现批评的声音和不同政见。开放的氛围持续了 30 年，直到 1190 年代。在 12 世纪的最后一个十年中，出现了严重的皇位继承危机。第四任皇帝宁宗(1195—1224 年在位)基本不管事，又一个权相韩侂胄(1152—1207 年)崛起了。为了驱逐、压制批评者，这位危险好斗的权相正式禁绝了新儒家，而后者正是道德保守主义者的传人和朱熹的追随者。

对新儒家的迫害使政治和思想文化氛围更加黑暗。韩侂胄率军对女真人开战，战争以错误筹划肇始，以失败告终，韩被刺杀。此后，情形缓慢好转，一些新儒家的追随者在朝廷上取得显赫地位。但是，他们既未能打破因循，也没能扩大知识分子的眼界，却力图将自己的信仰奉为儒家正统，希望借此将粗暴的独裁从专制政体中抹去。国家最终将他们所鼓吹的理论确认为官方正统意识形态。然而，这胜利得不偿失，因为专制政体从未真心诚意地要把新儒家理念转化为现实政策。从思想文化的角度来看,新正统本身反而成了专制政体的一种新的附和依从,压抑了成长的动力和多元化的发展。

好也罢,坏也罢,新儒家持久地渗入了整个社会。直至1898年,在西方的冲击和日本战胜的影响下,中国方才出现近代化改革的迫切要求。在接连几代知识分子对变革的思考与辩争中,传统中国解体了。

为了从深度和广度两方面进行观察,有必要变换镜头和角度。以上,我们对儒家的不同派别作了一番笼统考察,并特别谈到了强调道德的保守派;下面,我们要把镜头转过来,看看保守主义者是如何随着专制皇帝和他所任命的宰相的关系的变化而发展的。为深入了解皇帝和宰相的关系,需要对一位宰相的政治生涯作显微式的观察;而后回归宏观视野,来观察其后果——国家正统思想的出现。最后,我们会再次换上望远镜头观察这一切与现代生活的关系。

第二章　宋代学术

21　　在中国传统文化的教育熏陶下成长起来的士大夫,以思想文化追求为其生活之道。把他们简单地视为只知争权夺利的政客或官僚,则难免忽略其思想、动机、价值观及生存环境中的最主要因素。因此,欲知南宋政治的发展,必知其思想文化气象、战争的影响、经济以及领导者个人的心胸抱负。科举是入仕的正途,它测试的是一个人的文学才能和对儒家经典的理解力。当其入仕之始,一般是在三十几岁,大多数士大夫已经对文学颇具品味,对思想文化饶有见解,其中的许多人——特别是在朝供职的最优秀分子——更对现代人称之为意识形态的问题有了深入的体悟。习惯和信仰影响行为,而特定时期所流行的学术思潮则塑造了习惯和信仰。

　　本章将要探讨中国传统学术四大分支中的三支:文学、经学和史学。第四大分支,即以儒学为表现形式的哲学,将在下一章加以讨论。这两章合起来便构成一个全面而简明的宋学总论。关于宋代的哲学和文学,曾经出现过为数众多的著述。而关于宋

22　代的经学和史学,却只有一些通史性著作或极其专门的论文可供参考。迄今为止,学界尚未对这四大分支作过融会贯通的研究,这两章将填补这一空白。为与第一章的论述焦点相一致,在每一分支的叙述中,我们都将着重探讨 11、12 世纪的差异,以便找出

22

南宋之迥异于北宋的变化线索。接下来,下一章将阐明儒学能够包容一切、影响遍及政治和其他学术分支的原因。

文 学

在传统中国,对于士大夫和其他受过教育的人来说,"有文化"的意义远不止于能够写作常规的书面文件。在他们的世界里,良好的教育意味着能写文学作品,更高水平的则要会用高雅的形式写作具有创意的作品。文人的写作不仅是一种快乐,是抒情与交流的方式和个人成就的载体,还是丰富文化内涵、推动文化发展的行为。文学创作的重要性使他们尤其重视文学形式和文学理论问题,而在西方现代,这类问题除了专家和欲为专家者却极少有人问津。

中国文学的两种最主要体裁——律诗和散文,不仅是一个绅士的必要技能,还是科举考试的必考科目。其他诸如杂文、故事、小说、社交场合的应酬文字、笔记、词等体裁的分量就轻得多了。律诗被视为最高级的艺术形式,并曾经在历史上享有最崇高的地位。然而,自宋朝以降,散文却作为有效的基本交流工具取得了更高的实用价值。

唐诗是公认的黄金时代的完美结晶,而 11 世纪的宋诗则是唐诗当之无愧的继承者。宋诗的形式和内容臻于成熟,其风格与唐诗多有不同而二者同样杰出,双峰并峙。① 此后,只有个别诗人曾经再度攀上那样的高度。

宋诗的一个特点是在常用语汇、表达方式、遣词造句和诗歌

23

---

① 青木正儿:《中国文学思想史》;钱锺书:《宋诗选注》;胡云翼:《宋诗研究》。

主题等方面趋向通俗化。诗人们开始打破经典语汇的束缚，将口语的表达方式和日常生活中的意象引入笔端。写作的重点从抒发个人情感转向与他人，主要是其他同样有文化的人进行交流。这个世纪著名的诗歌理论，恰如下文所引：

> 诗家虽率意，而造语亦难。若意新语工，得前人所未道者，斯为善也。必能状难写之景，如在目前，含不尽之意，见于言外，然后为至矣。①

然而，11 与 12 世纪之交，诗坛却出现了竞相玩弄复杂修辞的风气，以为诗应当尽可能地浓缩（"凝"），又当如炉中炼铁般反复锤打（"炼"）。受此风气影响，无数诗人在一个诗句当中堆叠数重隐喻、讽喻、联想，并力图将它们和全诗的其他部分附会粘连起来。一些诗表现出一种以牺牲真实情感为代价的造作的凝练，还有一些则晦涩难懂。宋诗已从成熟转向过度成熟。

唐和北宋的诗风在 12 世纪盛极而衰，12 世纪的诗呈现出取向各异、流派纷呈的景象。② 一些诗人选择唾手可得的事物，比如落叶上的一滴露珠或似乎是迷失在月色中的一只小昆虫这样一些瞬间景物，用一种高度浓缩和抽象的形式来形象地传递深刻的情感。另一些诗人则关注个体的深切感悟（"性"）和灵感冲动的时刻（"灵"）。还有一些诗人致力于遣词用字，不仅要做到单纯的技巧娴熟或是单纯的巧妙，而且要做到技巧娴熟的巧妙（"巧"）；不仅要做到犀利，而且要做到突出的犀利（"尖"）。也有

---

① 刘子健：《欧阳修的治学与从政》。
② 梁崑：《宋诗派别论》；Shuen-fu Lin：*The Transformation of the Chinese Lyrical Tradition：Chiang K'uei and Southern Sung Tz'u Poetry*（《中国抒情传统的转变：姜夔与南宋词》）。

一些诗人并不太关注复杂难懂的诗歌技巧,而更重视用极其微妙、语义隐晦的方式来表达情绪、心境和感受。

当不同风格、流派的诗体发展达到饱和状态时,一种另类诗 *24* 体——词却已经独擅胜场。11 世纪,诗人们从勾栏瓦肆中受到激发,借鉴其表达形式,开始了词的创作。歌伎们擅长的是流行歌曲,而诗人所要引进的却是一种新的艺术类型,一种无须音乐伴奏的歌。① 词以其抒情性受到了广泛的欢迎,这种起初并不起眼的诗歌形式,到 12 世纪已成为诗中大宗。尽管摆脱了原始的音乐伴奏的束缚,但是,词的写作仍然必须以长短不齐的句式来构成一定的韵律模式,以此传情达意,谐和音律。词的形式比律诗更为灵活。一般而言,词要比律诗长,读来声音婉转,语调迂回曲折,富于变化。词将口语语汇与古典用语熔为一炉,由此造成更为生动活泼、更富创造力的表达方式,既能传递婉约的情感,也能抒发豪放的胸怀。简言之,宋词以其自身的魅力构成了一种与唐诗同等重要的文学体裁。

还有一种与诗颇为接近的文学体裁——赋。西方的诗和散文是截然两分的,不存在中间形态。但在中国传统文学当中,存在这样的中间形态。赋的气质恰处于诗与散文之间,虽然人们常将它与诗相提并论。经典原始的赋可以说是"散文诗",一种精雕细琢的广义的诗。从北宋开始,在散文地位上升的拉动下,出现了一种新体的赋,其特点转而变成"诗化散文",或者说拥有高度

---

① 夏承焘:《唐宋词论丛》;胡云翼:《中国词史》;James Y. C. Liu:*Major Lyricists of the Northern Sung*:*960—1126*《北宋的主要抒情诗人:960—1126》);Irving Yucheng Lo:*Hsin Ch'i-chi*《辛弃疾》);Malmqvist:"On the Lyrical Poetry of Hsin Ch'i-chi"《辛弃疾的抒情诗》);Chang K'ang-i Sun:*The Evolution of Chinese Tz'u Poetry:From Late Tang to Northern Sung*《中国词的发展:从晚唐到北宋》);唐圭章:《宋词三百首笺注》。

诗化品质的散文。

本文无意详述赋的复杂写作技巧，只想简明扼要地解释它所发生的变化。起初，赋必须严格遵循两个对偶句相押韵的要求。例如，科举考试便对押韵有严格的规定。对偶句是两两相连的一对句子，它们有着恰好相同的字数，相同或相近的语义、句法顺序，两个句子中的相对应的词互相对称、协调、对比或关联。

11 世纪中期，几位才华横溢的先驱者大胆突破陈窠，开创了一种新型的赋。他们一扫赋在押韵和句式结构上的严格技术要求，只是自然贴切地在这儿或那儿写下几行押韵或对偶的句子，由此获得了表达的自由。这就和西方意义上的散文更加接近了。但是，中国人从未将此类文章看作寻常散文。因为，它仍然保留并反映着古典赋体高度诗化的品质，它是一种新的赋，并和旧赋一样受到尊崇。正是在此意义层面上，我们称之为"诗化散文"。赋的这种变化不是从宋诗的一面衍生出来的，而是北宋散文发展推动的结果，下面我们就要谈到散文。

自古以来，在文学的价值等级上，散文就一直排在诗、赋之后。唐代最显赫的散文形式是对偶散文（骈文）。骈文深受赋的影响，例如，它大多以排偶句式写作，一组排偶句的字数通常是4—6—4—6。因此，骈文的别名又叫"四六文"。在骈文显赫的情形下，还是有一些不肯墨守成规的人，力主打破一切对形式和修辞手段的规定、限制，写作并鼓吹一种风格松散的文（散文）。

在这些唱反调的人当中，最突出的是韩愈（786—824 年）。韩愈高扬儒家传统，力排佛、道，主张"文以贯道"，意思是写文章的本来目的是传递正确观念。显然，就这一目的而言，骈文和其他形式主义的东西都不是最佳手段，因为它们经常会使作者无法畅所欲言。为了实践其所倡导的理论，韩愈率先改进了古典散文的形式，写作风格松散的散文。后世的崇拜者认为韩愈的"古体"(或更客观地说"拟古体")矫正了几百年来以文害意的文风。

　　11 世纪早期,几位年轻的天才发现了韩愈及其同时代人柳 *26*
宗元(773—819 年)所开辟的蹊径。他们一面推动儒学的发展,一面自豪地称自己的文章体裁为"古体"。虽然其早期作品曾经遭到诸如粗陋、啰唆,有时甚至是文义突兀、谋篇笨拙之类的批评,但经过不懈努力,他们终于在语汇、表达方式、句法、句式结构、谋篇布局以及其他修辞技巧等方面取得了进步。这种体裁与其说是对古代的回归,毋宁说是向新的辉煌的前进。但是,其倡导者仍坚持使用"古体"名称,因为,他们相信"古体"一词最恰当地表达了复兴古代儒家教义的本质。①

　　几番挣扎,科举文体和内容的革新终于得以实现。这场运动的领导者是杰出政治家欧阳修(1007—1072 年)。他以艺术的手法将寻常字词编织为激动人心的语言、简洁的词句和优雅的片断,来表达微妙的情感、深邃的思想、壮阔的景象和惊人的见解,古体散文从此成为一种极其高雅的文学形式。欧阳修又上章建议朝廷在科举考试中停用骈体文、鼓励写作古体散文,理由是古体散文最能自由表达政治和哲学观点。作为一场科举考试的主考官,欧阳修实践了他的主张。其影响迅速波及有志于科举的文人,古体散文开始盛行。不少人反对停考骈体文,其理由如下:其一,骈体文可以无须考虑政治观点,相当客观地评判衡量作者写作技巧的高低;其二,骈体文已经在科举考试中成功地运用了几十年,即使是那些反对它的人,也无不是从运用它的制度中考取的。话虽如此,然而,古体散文一旦确立其艺术地位,便注定要成

---

① 张健:《宋金四家文学批评研究》;钱冬父:《唐宋古文运动》;柯敦伯:《宋代文学史》。

为未来的潮流所向,成为精英间最主要的有效沟通手段;直到 20
世纪初,它仍然是首要的中文写作体裁。

27 欧阳修是一位继往开来的人物,他不仅开创了一个时代,而
且对后代影响巨大。从南宋起人们便尊奉的八位古体散文大家
包括:两位唐朝的先驱者——韩愈和柳宗元;欧阳修;他的学生曾
巩(1019—1083 年);他先前的门徒、后来的政敌、著名改革家王
安石(1021—1086 年);以及他的三位苏姓友人,家喻户晓的苏轼
(号东坡,1036—1101 年)、其弟苏辙(1039—1112 年)、其父苏洵
(1009—1066 年)。

从 12 世纪起,各种与古体散文相关联的文学体裁滑下了巅
峰。南宋文人在文章的形式、风格上维持了同样的高标准,甚至
将其理论化;但没有写出令后世推崇的杰作,作品质量再也无法
与北宋相媲美。颇受好评的散文选集《宋文鉴》出自南宋文人之
手,①但所选皆为北宋经典作家的作品,不包括任何时代更近的
南宋初期作品。或许,时人已经默认:近期没有一位文学家堪与
一个世纪前的先辈们比肩而立。造成这种改变的一个原因是,此
期,哲学开始受到高度重视,其抽象思维比纯文学更具挑战性;因
此,大部分创造性能量不再投向文学。当然,儒学形式的哲学并
非孤立的学术分支,经学是其依托。

经　学

中国古代的经,本来是世俗的,却被尊为圣人著作,地位近乎
神圣。同前代相比,宋儒将经作为阐发自己理论的基础,更加孜

---

① 吕祖谦:《宋文鉴》;金中枢:《宋代古文运动之发展研究》。

孜不倦地为这些权威书籍讲解作注。从总体上看,大部分北宋经学研究令人耳目一新,具有挑战性和原创性。而到了南宋,解经著作的质量开始下降,变得喜欢争辩,过于关注细节,研究范围趋向狭窄,文字冗长啰唆,缺乏学术的多元性和创造性。

下面简要阐述 11、12 世纪的经学研究氛围。在《易经》的研究当中,11 世纪主要有两派不同意见,一派将书中的象和数视为神圣和超自然,另一派则试图用理性的原则加以解释。12 世纪的研究者采用了不同的方法:有人以历史实例解经,有人将老子的自然哲学引入经解,还有人将解经同佛教禅宗教义相结合。流行趋势是将占卜算命的方法和理性的方法相调和。例如,朱熹的许多著述便是将前人解释系统化,而非新创。① 发展趋势再也不是外向的了。

从汉代起,人们便对《书经》(《尚书》)文字的真伪产生了争论,有半信半疑的,也有坚信不疑的。11 世纪的《尚书》研究与之大异其趣。同其《周礼》研究一样,王安石为《书经》作《新义》,强调政府机构的功能,作为改革的理论依据。而苏轼则为《尚书》作了最好的注释,强调它人性化的一面。到 12 世纪,争论的力度减弱了。朱熹虽然对苏轼多有微词,却赞赏这部书。然而,朱熹之后的新儒家们却宁愿忽略它,只因苏轼曾经激烈地攻击过该学派的祖师之一程颐(1033—1107 年)。

相对于前文提到的两宋经学概观而言,《诗经》的研究似乎是个例外。在 11 世纪,关于《诗经》只有几家注释和一些不激烈的讨论。而相比之下,12 世纪的学者却相当重视《诗经》,注者众多。引发了这种兴趣的应当是诗和词的发展。作为中国最早的

---

① TMTY,第 2、11—25、30—48、51、55、115 页。

诗歌总集，这部经是必不可少的参考。然而，表面的数量膨胀之下，是经解质量的下降。大多数关于《诗经》的研究，包括朱熹的著述在内，都不是那么具有权威性。[1]

  古代经书中的"礼"不仅指仪式，还包括涉及社会风俗、传统习惯、经济和行政等方方面面的内容。用现代语言来说，它指的

29 是社会道德规范所承认的行为。在有关礼的三部经当中，宋人轻《礼记》《仪礼》而最重《周礼》，围绕它进行了激烈的争论。在王安石以前，曾出现过一批具有 11 世纪早期特征的观点各异的解释。而王安石则在《周礼》中发掘到了改革的范本。此后直至 1127 年北宋灭亡，王安石和他第二代的追随者先后掌权，绝大多数学者或出于自愿，或迫于改革体制的压力，接受了王安石的解释。一致性取代多元化成为流行。[2]

  1085—1093 年，保守的反对派短期复辟，主张贬低三礼，不自觉地缩小了此后的学术范围。《春秋》是一部编年体历史著作，它以措辞行褒贬，充满道德关怀，又以曾经孔子亲订而闻名。保守派将其发扬光大，以之衡量行为的正当性。他们沿用孙复（992—1057 年）的观点，认为《春秋》主旨在于尊王。学者刘敞（1019—1068 年）曾大胆指出《春秋》的文字错误，认为应当加以校勘。保守派表示反对，也不承认刘敞和其他学者所作《春秋》新解的价值。与此同时，王安石却把这部经比作"陈旧破烂的朝廷小报"（"断烂朝报"）汇编，其追随者也排斥它。派系斗争危害着学术的多元化。

  至南宋，在保守派的影响下，《春秋》再度成为显学，但在注释

---

① TMTY，第 218—235、303—307、314、319 页。

② TMTY，第 363—367、371—372、389、391、399、431—432、438—441 页。

方面却未取得太大的学术进步。一些知识分子引用它来批评时政并从中发展出一套辩论艺术。二者都曾流行一时，但均未产生高质量的学术。

当然，北宋保守派的《春秋》热产生了一项重要成果。司马光（1019—1086 年）以之为范本作续编，起于《春秋》所止（公元前481 年），止于宋代建立前夜（959 年）。下一节将讨论这部里程碑性质的《春秋》续编对其他历史著作的影响。这里，我们感兴趣的是续编的一个间接后果——它对南宋学术的影响。朱熹命弟子为该书作纲要，并以自己的名义出版。司马光的原著以写作态度诚实客观著称，其中的道德评论虽不乏主观判断，但都独立地附在正文之外。相形之下，朱熹的这部寄名著作对于历史的态度却常常过于概念化和简单化。该书本来只是一部速成参考书，到后来却演变为科举考试的权威性标准历史指南，此举损害了思想文化的发展。①

从南宋后期起，人们对一套名为《四书》的标准读物投入了比对六经更多的热忱。《四书》包括《大学》《论语》《孟子》和《中庸》。11 世纪，学者们对这四部书的看法多种多样。例如，李觏（1009—1059 年）曾激烈批评《孟子》，司马光对该书多有保留，而王安石却给予它高度评价。然而，只有程颐和其兄曾经为所有这四部书作注。受程氏兄弟的启发，朱熹将这四部书命名为《四书》，把它定为儒家学说的基础读本，为之精选注释，杂以己说。朱熹的《四书》集注最终成了科举考试并从此是天下文人的唯一官方注释。正统性战胜了多元化，其代价是思想的禁锢。②

---

① TMTY，第 529—531、536—549 页。

② TMTY，第 719—725、728、731、735—736 页。

最后，值得一提的是，宋代出现了许多修身和教育方面的论著，内容涉及学者的立志、蒙养教育、族规家范、敬宗收族、儒家教义的学习日程、年历、地方政府的运作、为官之道、王子教育、佐天子而理国政等等。通常来说，儒家既重视自我教育，也重视对他人的教育，而新儒家则特别强调修身，或用现代的话来说——自律。随着新儒家正统地位的确立，此类出版物的数量显著增加。但大多数缺乏原创性，是老一套的人生指南，彼此重复，相互征引，复制而不发展思想。①

综上所述，宋代作为一个整体确曾在经学方面取得过惊人进步，其成就前无古人，也难怪后世儒家和许多非儒家的中国人都为此感到自豪。但是，长期以来，却从未有人对两宋的变化加以辨析，希望上文的简短分析能弥补这一缺失。从总体上看，11 世纪的学术发展是从百花齐放透过多元化以臻成熟；而到了 12 世纪，除了一位像朱熹这样出奇博学的学者，大多数学术研究都难免相对狭隘、受制于正统、缺乏原创性的问题，或具有其他各种各样的局限性。思想文化的发展速度放慢了。

史　学

发达的印刷术使宋代史学著述的数量出现了空前发展，而名家名作和新史体的出现则使宋代史学的质量呈现空前进步。修史者多为士大夫，或有志于斯道，或受命为史官，其中不乏视修史为名山事业、着意经营者。

11 世纪中期，史家重修了两部正史（或称断代史）。新《唐

---

① TMTY，第 1900、1904、1907、1912—1914、1919—1920、1937—1938、1942 页。

书》出自官修。新《五代史》由欧阳修私撰，而朝廷却破天荒地赋予它官修正史的地位。①

　　11 世纪的历史学家掀起了一场史学评论的高潮。司马光在其编年体巨著的"考异"中所展示的权衡史料的方法，和他在"臣光曰"中使用的历史解读方式，成为许多历史学家的榜样和标准。按照儒家的要求，一旦历史事实经由可靠的证据证明之后，道德原则就成了历史学家在讨论过去事物时的终极标准。无论是过去的事件，还是早出的史书，都重新受到锐利的审视。欧阳修为旧《五代史》挑错之后，其他学者又从他的新《五代史》中找到了错误。许多小部头的专题论著开始冠以"错误改正"（"纠谬"或"正误"）的标题。② 另外两个史学分支——金石学和目录学的长足进步，同样促进了史学的繁荣，欧阳修在其中起到了开创作用。③

　　诚如题目所揭示，司马光编年体巨著《资治通鉴》的写作目的是要使统治者吸取历史教训，指导现实统治。其思想基础是儒家"顺之则昌，逆之则亡"的道德至上观念。司马光客观地选择史料，严谨地考辨其真伪，以此来确保信息的真实性。如其著述所示，当他无法解决史料中的矛盾时，便插入一条研究性注释加以解释。上述优点使他的著作成为一个里程碑，一个史家竞相模仿的范本。他的后继者中包括两位 12 世纪的历史学家李焘（1115—1184 年）和李心传（1166—1243 年）。前者写了一部北宋全史，后者的《建炎以来系年要录》则叙述南宋早期历史，为本书

---

① TMTY，第 982—987、1004—1010 页；刘子健：《欧阳修的治学与从政》，第 100—113 页。
② TMTY，第 1005、1007 页。
③ 刘子健：《欧阳修的治学与从政》，第 3、175 页。

的研究提供了丰富的信息。①

　　12 世纪在史学著述方面的确超越了 11 世纪，其明证之一是新史体——纪事本末体的出现。纪事本末体将通常散见于本纪、列传和志当中的材料按照主题收集成篇，一事为一篇。这种合并整理并不增加新的内容，它提供的是不同的视角。从此，中国正统历史叙事就有了三种标准体裁：以国家为中心的纪传体、按时间顺序编纂的编年体和纪事本末体。②

33　　12 世纪史学的进步是方方面面的，此处无暇一一道来，只能列举其总体趋势。第一，是从官修到私撰的转变以及私人著史势头的不断增长。③ 第二，各种非正式的故事、笔记、小说的数量超过了正式的史书。④ 第三，同宏观概览相比，人们越来越偏爱更细微、更具操作性的题目。第四，越来越多的人抛开整个帝国，将注意力放在区域研究上，⑤最明显的是方志的繁荣和空前细致的地方风物记载。⑥ 第五，一些著者专门将大门类中的某些方面抽出来，作深入细致的研究（例如，前有洛阳名园的专著，后有洛阳牡丹的专史）。第六，人们努力研究那些意义重大的未知问题，希望借以补充历史认识。第七，12 世纪的历史学家认识到，历史学科必须利用其他学术分支的知识，例如军事科学、历史地理、艺术史、建筑学、医书等等。

　　12 世纪历史学家的成就超越前辈的又一明证，是百科全书

---

① TMTY，第 1028—1029、1041—1047、1840—1841 页。

② TMTY，第 1069—1072 页。

③ TMTY，第 1095—1099 页。

④ TMTY，第 1134—1136、1142—1153 页。

⑤ 朱士嘉：《宋元方志传记索引》前言；TMTY，第 1461—1465、1492—1493、1513—1516、1525—1526 页。

⑥ TMTY，第 1527—1528 页；孟元老：《东京梦华录》。

的编纂。北宋初期，朝廷下令编纂了两部巨著《册府元龟》和《太平御览》。其方法是将现存文献中的相关片断分别置于不同标题之下，不加评论，也不作注释。到了南宋，一些民间学者开始依靠自己的力量为科举考试编辑百科全书。12世纪和13世纪初，历史学家以唐代著作《通典》为典范，在此基础上更为谨慎地搜集资料，分类更加细密和系统化，必要时引证资料来源，为澄清疑点或难点补充考证性的评论。《通志》和《文献通考》是两部最为重要的宋代百科全书，后者的名称是该书顶尖学术成就的真实写照。这两部书和它们的唐代典范一起以"三通"之名著称于世。①

一些现代学者认为，这些百科全书和诸如此类的工具书算不上西方或现代意义上的史学著作，而更像是官僚处理行政事务时 34 的参考。这样看的人看来并未深入了解传统中国的精英文化。事实上，真正阅读百科全书、方志等的只有探寻历史的民间学者，官僚根本就没有时间也没有必要去翻阅这些书。

作为行政官员，官僚们最感兴趣的史书类别是"政书"。政书是一个恰如其分的名称，它包括奏章选集、行政条例集成、司法案例汇编，如《农政全书》《荒政全书》一类的著作，以及书名生动的《救荒活命书》等。②

史学大发展中也存在消极因素。在浩如烟海的史学著述中，出现了两类质量堪疑的作品。第一类是史评著作。从一定意义上说，历史学应当是实证性的，而这类著作却缺少实证研究。因此，虽然其本意是要对历史事件进行分析，但难免主观臆断、空发议论。究其原因，包括新儒家在内的宋儒，早在备战科举考试之

① TMTY，第1093—1095、1702—1704页。

② TMTY，第1729—1732页。

时，就已经养成了置道德考量于历史事实之上的恶习，为迁就其道德观点，不惜简化、歪曲历史事实。

第二类论著为利己的目的而作。为捍卫自己或洗刷朋友，某些士大夫写作笔记体的回忆录，谈及时事，不免党同伐异、各说各话。为攻击政治和文化上的敌人，他们舞文弄墨，肆意歪曲事实，字里行间充斥着偏见、流言和谎言。这类文字反映了南宋学术界潜在的狭隘好斗之风，并让后来的专业历史学家大伤脑筋。

综上所述，南宋虽然产生了一些高质量的文学和学术作品，但是学问方向的确已经发生逆转。以乐观的态度看，12世纪的学术处于不断自我提炼、自我完善的状态，转向精致化或者说专业化；但是，如与11世纪相较而言，却似乎有一种画地为牢的味道。当然，朱熹也许是一个例外，他最大限度地整合了时代所赋予的知识，并在许多领域作出开创性贡献。可惜，这种杰出的例外实在是凤毛麟角，根本无法改变总体状况；其他人又落后太远，实际上，朱熹所有的追随者都缺乏广度、深度和原创性。总体看来，11世纪学术发展的特点是其先锋性、开拓性，而12世纪的学术成绩则主要在整合方面。

比照两个世纪的史学发展和经学发展，可以让我们看得更加清楚。11世纪造就了欧阳修、司马光等史学大家，12世纪则产生了更大数量的史学著述。但是，经学的情形却有所不同。一个领域在继续发展，另一个领域却停滞不前。其原因何在？

我们的解释分为两部分。首先，是经学和史学的内在差异。二者在政治中扮演着不同的角色。经学依靠灵感和观点的激发取得进步，在多元化中获得繁荣。而多元化却面临三种危险：第一，多元化可能堕落成为派性之争，特别是当它和政治斗争或朋党之争纠缠在一起时更是如此。第二，多元化会引起对抗，而对抗可能升级为压迫。第三,在强大的正统和不断扩张的一致性之下,多元化会衰退。这三种危险困扰着宋代的经学研究。

相比之下,史学的发展主要依靠材料的积累。材料的增长会导致复杂性,但不必是多元化。尽管政治压力或正统的确立也会带来派性、争论和限制,但它们对史学的危害却不像对经学那样严重。史学有其自我保护的底线,而这一底线建立在无可争辩的真实材料基础上。

其次,是士大夫的学者—官僚双重角色。作为学者,他们研 *36* 究经学,因为它是意识形态的来源,由此,他们很难回避意识形态的正统这一议题。在儒教国家里,意识形态塑造着权力。因此,作为官僚,他们又很难回避同意识形态纠缠在一起的政治权力。自古宦海多险恶风波,当士大夫不得不全力应付个人的宦海浮沉时,经学研究很自然地衰落了。

从某种意义上说,史学却是一桩半退休的、隐退状态的营生,可以远离朝堂上意识形态—政治斗争的纷纷扰扰。有志于此的士大夫通常在闲居状态下工作,在职的史学家也不会占据行政长官、重要顾问或是其他敏感职位。司马光是一个杰出的例子。在对改革政策表示强烈反对以后,他请求退休,回到洛阳家中,在那里花了17年时光,静静地编著其编年巨著。在这17年中,他避开了诸如正统意识形态、政治权力等纠缠在经学领域里的问题。当皇帝召请他回朝领导反对改革的政府时,司马光已经完成了那部里程碑式的著作。

任何文化的学术都有许多轻重不等的侧面。就宋代中国文化而言,史学和文学都不是它最为光彩夺目的部分。它们更像是照耀在小山缓坡上的灯盏,反映不出整个山峦的轮廓,而经学和建立在经学基础上的儒家思想才是最高峰。① 当火焰在那里点燃，光芒便会洒满整个山地。而这火焰一旦熄灭，无论因为派性还是因为正统，都会拖下一条长长的阴影。

---

① 钱穆：《朱子新学案》；牟润孙：《从中国的经学看史学》；吉川幸次郎：*An Introduction to Sung Poetry*（《宋诗入门》）。

第三章　宋代儒学

宋学之中，儒学形式的哲学对政治、行为规范和其他思想领
域产生了最为直接的影响。佛教和道教仍然在一定程度上影响
着宋人生活，然而，饱学精英的思想和学术却已经转向儒学。儒
学，就其本原和特质而言，是一种由不同思想、制度、风俗结合而
成的道德哲学。但是，从宋代起，精英们已将儒学推崇为意识形
态领域的既定权威、价值观念和生活方式的决定因素、不可侵犯的
世俗真理，并以近乎宗教的虔诚对它顶礼膜拜。受其影响，其他社
会群体逐渐不同程度地接受并服膺儒学。儒学造就了通行于中国
的社会伦理价值观念，为平天下、治国、齐家和修身提供了指南。
有鉴于此，本章将首先分析儒学的普遍性质和它在宋代中国政治
结构中的意识形态角色，然后再介绍宋代儒学思潮的不同流派。

思想与制度

传统中国并不存在"意识形态"这样一个现代词语，却有一个
与之相近的经典词语——"政教"，意思是"治理和教育"。"政"既
指社会又指国家，①不仅包括政府的行政，还包括调整思想、规范

---

① 刘伯骥:《宋代政教史》。

行为的内容，其对象上自皇帝，下至百姓。"教"也不单指教书和育人，其含义是灌输一种关于社会秩序的道德标准，并使之长存。相应的双语词"教化"为"教"的概念增加了"化"的意蕴。儒家历经数百年之发展，其理想始终是对个人、社会和统治者进行管理、教育，使之转而向善。认同此理想之价值，信仰此理想之力量，即可称之为儒家意识形态。

儒家基本上以道德价值观来规范行为举止、取予藏用的正当性，但其内涵却经历了漫长而复杂的演进过程。在宋代政治和学术发展中起决定作用的儒家意识形态，本身便具有伸缩性，换句话说，不只一种解释是可能的。数百年来，儒学吸收了许多折衷主义元素。某些儒者受老子、庄子道家哲学的影响，采取强调自然的态度。还有儒者以阴阳、五行（金、木、水、火、土）等古老概念来概括其哲学理念，将天人合一的宇宙观掺入儒学。而印度佛教之融入中土文化，又为儒学的复杂肌体增加了一个折衷主义元素。

11世纪初，官方主持重刻了佛教的正经《大藏经》和附加经文。虽有如此盛事，从某种意义上看，中国佛教的生命力却正在丧失。宋代佛教缺乏强有力的宗教领袖，高僧大德们更热衷于强调戒律或本宗派的教条，而不是创造新的活力。即使曾经在文化人中兴盛一时的禅宗，也没有提供多少新东西。庞大的老式佛教图书馆拥有珍贵经卷和寺庙的清幽环境，曾经是儒生们苦读的所在。当儒生成为士大夫之后，他们和僧侣之间的友谊对后者裨益良多。然而，随着印刷术的发展，书籍变得越来越便宜和广泛通行，私学开始出现。受其影响，佛教图书馆能为儒生提供的东西越来越少，熟悉僧侣及佛教教义的官僚变少了。与之相似，随着宋代经济的扩张和发展，曾经在城乡日常生活中起重要作用的佛教工匠和金融服务业也日渐衰废，寺庙失去了它的地方权力。①

此外，一些儒家纯粹派一贯反对专修来世、虚妄无稽的佛教神学。同样，纯粹派也反对道教的民间迷信活动。道教仍然在文盲人群中颇具影响，人们借着这种简单的多神论宗教来寻求健康和长生，摆脱日常欲望的困扰。为探寻符合儒家原始伦理道德传统的真理，纯粹派投身于修身和教育，包括教书、学习和学术追求。他们认为，道德理想不仅是个人生命，而且是江山社稷、国家政策、官僚行为甚至皇帝本身的最终的试金石。

极端纯粹派认为，所有非儒家来源的折中主义元素都是赘疣，具有误导性，令人生厌。当然，这部分人无论何时都只是极少数。大部分儒者还是认为，在基本的儒家道德关照中融入一些折中主义成分是现实的、可接受的，甚至是理智和适当的。几百年来，传统或主流的儒家正是这样一个政治倾向保守的综合体。无论是进行机构变动、制定新的法令，还是引入改革性政策或实行改革，他们总不见其佳。他们宣称，只要领导者道德高尚、指挥得当，官员正直诚实、公正执法，就足以在整个国家建立良好秩序。当然，当他们认为事情并非朝着改良道德的理想状态进步时，也会对现状提出批评。

实际上，出于实用主义考量，许多儒家官僚不得不在某种程度上接受法家哲学和产生于战国时期（公元前 475—前 221 年）的纵横家理论，这就在传统儒家中产生了一种折中主义的"现实政治"（realpolitik，德语，强权政治的委婉语）行为。同样，从仕途的角度出发，不少官员拥护功利主义态度。虽有官员走上了实用

---

① Kenneth K. S. Ch'en：*Chinese Transformation of Buddhism*（《佛教的中国化》）；竺沙雅章：《中国佛教社会史研究》；黄敏枝：《宋代寺观与庄园之研究》；塚本善隆：《宋代的财政困难与佛教》。

主义道路，但归根结底，实用主义道路绝不符合儒家理论，而是对儒家基本原则的偏离。对此类行径的不满最终导致人们寻求修正主义的解决办法，这就是制度改革。

特别重视制度的儒家理论认为，儒经中已经提供了制度典范，其中所描述的制度绝非纯理论或乌托邦体系，而是曾经存在的客观。既然如此，这种制度应当是可以实现的。北宋的改革家们辩称，正是因为人们反复寻找推行真理的途径而不得，才把它当作高明而虚幻的空谈束之高阁；而为了挽救危局，迫切需要厘清古老经典中的基本原则并将其付诸实践。他们的目标是设计政治、经济、社会和教育制度，以便提高道德水准。他们相信道德价值观与功利主义目的可以达成一致，换言之，好的制度既有助于提高道德水准，又是实用的。从这层意义上，这些儒者可称为制度改革派。

前文曾经提到，王安石是改革的首要倡导人。在他的新政或称变法体制之下，政府变得自信而武断：它插手贸易，在播种季节向农民放贷，帮助他们启动生产。改革纲领的前提是一个积极而不断循环的、带有通货膨胀效果的不断扩张的经济。政府和那些勤劳而积极参与经济活动者的腰包都将变得鼓胀。政府取消了征发劳役的做法，改为服役人向政府纳税，政府灵活使用税钱雇用劳力完成所需服务。政府还将农民组织为自我警戒的单位，又分派部分家庭养马以助边防。后来，王安石又改革科举考试制度，下令举人入太学接受训练和测验，重视国家事务问题的研习。他还为专习法律的举人建立了专门的考试科目。在道德保守主义者和其他改革反对派看来，这一切更像是法家而非儒家。为了反驳，王安石引用儒经来支持自己的立场，这就是道德价值观不能脱离国家的富强和人民的富裕。

　　王安石是真正的儒家，还是误入歧途者？他对制度的重视究竟算不算儒家真谛？这些复杂问题，这里无须讨论。我们要提到的是如下事实：在王安石变法的余波中，灾难降临了。1069—1085年最初的变法之后，保守派接掌政权，恢复旧制，大开倒车。到了1093—1125年，就在北宋大厦倾覆的前夜，保守派失势，大部分变法措施重新付诸实施，这就是恢复变法时期，又称后变法时期。丧失了王安石的理想主义初衷，改革精神化为乌有，道德上毫无顾忌，贪赃枉法肆意公行，拒绝革除任何改革体制的弊端，对那些继续反对改革的保守派进行史无前例的残酷迫害，皇帝好大喜功、奢侈无度，整个社会道德沦丧，所有这些，使得恢复变法时期聚集了一批声名狼藉之辈。结果，政府漫不经心地向边境派出了远征军，最后却招来了女真人的入侵和王朝的崩溃。

　　1127年年中，南宋朝廷在矛盾重重的政治氛围中建立。改革计划、措施宣告破产，声名扫地。没有人敢再公开鼓吹改革。然而，大多数官员都是从旧时代走过来的职业官僚，已经习惯了改革体制下的路数，也不会太欢迎那些来自其他儒家派别的反对意见。但是，最初的保守反对派、其他幸存下来的批评者以及他们新生代的追随者，特别是一个或当称之为"道德保守主义者"的集团——这些人却要求政府听取他们的意见。他们抨击各项改革措施毫无价值、不合时宜、不道德，应当加以唾弃；并坚定不移地认为，既然王朝灭顶之灾的近因存在于恢复变法时期之中，那么，潜在的麻烦就来自最初的变法本身。王安石将他所鼓吹的功利主义置于道德之上，又将国家置于社会之前，本末倒置，就像是让车去拉马一样。保守主义者主张，当务之急是旗帜鲜明地弘扬儒家正统道德原则。

　　但是，在南宋的头几十年中，保守派并未取得政权。原因多

42

种多样。其一是当政官僚的抵制。其二是皇帝的矛盾心理。其三是保守派自身的弱点：第一，他们几乎拿不出具体的替代性政策措施；第二，他们中极少富有才干、技巧和经验的行政官员，来应付风雨飘摇中的王朝所面临的重重困难和危机；第三，在危机时期，政治上的暂时妥协是必要的，然而，多数保守派认为妥协在道德上是错误的，一无可取之处；最后但同样重要的，是保守派自身的分帮结派。

保守派分帮结派的原因有三。第一，许多保守派的学术倾向狭隘而僵化，基于对儒家原则的不同解释，其内部通常不能达成一致。第二，在朝廷上，他们又分为具有小集团倾向的地缘或乡土群体：洛党（来自黄河下游）、朔党（来自黄河上游的高原地区）和蜀党（来自长江上游自给自足的四川盆地）。褊狭的乡土心理与学术上的僵化纠缠在一起，引起分歧和倾轧。第三，保守派的首领之间存在着单纯的个性冲突。说保守派的事业严重缺乏政治领导，绝非有失公平。

保守派的政治哲学虽然千差万别，但一般都缺乏创造性、长远眼光和震撼力。直到 12 世纪，一股全新的思想浪潮空前地壮大了主流思想，它的宇宙论和形而上学将儒家哲学提升到空前绝后的高度；更具深远意义的是，它将整个儒家遗产融入了一个包罗万象的体系当中。[①]

不同派别的新传统思想

43　　　宋代儒学在学术上充满创造力，在多方面取得了长足进步，

---

① 钱穆：《朱子新学案》；James T. C. Liu（刘子健）："How Did a Neo-Confucian School Become the State Orthodoxy?"（《新儒家学派是如何成为国家正统的?》）。

其表征却是对古代思想遗产的增殖，因此，人们称它是"新传统主义的"。尽管许多领袖人物致力于伦理学和形而上学，宋代儒学却并不局限于哲学，其哲学成就也并不局限于某个占统治地位的学派。令人遗憾的是，大批前近代史料和 20 世纪的东西方学者都习惯于一枝独秀的叙述模式，太过关注某些显赫的哲学派别，特别是新儒家学派，这种关注有时甚至是排他性的。总体考察宋代儒家的政教观，将修正这种印象。

在西方文献中，"新儒家"（new-confucianism）一词的本义是指朱熹的思想学派。从 20 世纪中期起，它又被用来泛指宋代儒家；而从广义上说，宋代儒家和早期儒家确有不同，这种令人困惑的局面必须加以澄清。近期，学术界更倾向于恢复"新儒家"一词原初的、狭义的用法，专指朱熹学派即理学，而不泛及其他。考虑到新儒家将德性提升到天理的层次以对抗人欲，本书将其特点概括为道德先验论者（transcendental moralists）；并将道德保守主义者，特别是程颐（1033—1107 年）学说的追随者，称为新儒家的先驱。

主干史料中新儒家一枝独秀的倾向由来有自，毕竟新儒家最终成了国家正统。宋朝的正史为该学派的主要思想家创造了一个特别的列传类型——"道学传"。（"道学"是一个总名，其指称范围包括新儒家的先驱朱熹本人和他的追随者。）明朝灭亡了，儒家之道一败涂地。明的遗民黄宗羲（1610—1695 年）开始编撰一部弘扬宋儒学术贡献的著作。这部具有里程碑意义的著作名为 44 《宋元学案》，英译名常作《宋元学术史》，按字面当译为《宋元诸学派》，而更能达意的译法则是《宋元儒家诸学派》，因为它实质上是把外在的学术活动同儒家学问等而视之的。这部书不包括任何佛教徒、文学家和活跃在儒家之外的知识分子。作者将新儒家作为宋代学术生活的主流，一个学派一个学派地细加追索，胪列大师及其弟子、同道和朋友，并使用互见参照手法来揭示不同学派之间的渊源关系。新儒家以外的思想家和儒家派别，在明朝已经被视为异端，黄宗羲将其列入该书结尾的简短总论中。这些异端包括北宋的苏轼（1036—1101 年）、改革家王安石、新儒家最主要的对手——心学学派，以及几位生活在北方、宋朝范围之外的金朝知识分子。黄宗羲并未完成其著作；18 世纪，有人为该书作续编；19 世纪，两位追随者又为该书作卷帙浩繁的补遗。值得称道的是，续编和补遗都严格保持了黄宗羲最初的方法和立场。

许多现代宋代思想史论著延续传统倾向，重视所谓主流和新儒家，将太多的篇幅集中于新儒家所推崇的五位北宋大儒——周敦颐（1017—1073 年）、邵雍（1011—1077 年）、张载（1020—1077 年）、程颢（1032—1085 年）和他的弟弟程颐。当然，思想史特别是政治思想史方面的某些研究已经意识到，有必要关注其他思想家，比如孙复（992—1057 年）和范仲淹（989—1052 年），二人之从事教育活动远在五位大师之前；伟大的史学家、政治家司马光；心学的创始人、朱熹的反对派陆象山（1139—1192 年）；曾与朱熹论辩的主战派功利主义理论家陈亮（1143—1194 年）以及擅长制度研究、事功之学的叶适（1150—1223 年）。这些研究所揭示的已经是新传统儒学而非单纯新儒家的百花齐放，对于传统认识多少是一种修正。①

---

① De Bary，Chan 和 Watson 编：*Sources of Chinese Tradition*；De Bary 和 Bloom 编：*Principles and Practicality*；*Essays in Neo-Confucianism and Practical Learning*（《原则与实践：新儒家和实学论文选》）；Fairbank 编：*Chinese Thought and Institutions*（《中国的思想和组织》）；Nivison 和 Wright 编：*Confucianism in Action*（《行动的儒家》）；Wright 编：*The Confucian Persuasion*（《儒家思想》）；Wright 和 Twitchett 编：*Confucian Personalities*（《儒家人格》）。

但是，这种修正与真正的恰如其分距离尚远，它仍然以新儒 45
家为主体，只不过简单地添加了一些不容忽视的材料。再者，它
缺乏具有启发性的主题和富于创见的分析方法，而这正是彻底梳
理宋代学术全貌所必需的。分析模式的阙如使修正后情形看上
去有些杂乱无章：新儒学加上其他思想派别，彼此又互不相干。
解决的办法，是将宋代的诸多思想家和不同学术派别放置到一个
有机的分析模式中去。

　　下文所提示的分析模式绝非惟一的。历史事实如此纷繁复
杂，任何一种单一的分类体系都不足以概括其全貌，唯一的观照
方式是不存在的。对历史事实的充分关照应当是多元的，从一个
角度到另一个角度，在每一次角度转换中折射出更为多彩的光
华。打个简单的比方，就像一枚切割精良的钻石，人们不会只从
一个固定的角度观察它，而是会不断地转动它，在转动中去观察
它的每一个刻面。

　　但是，当我们锁定某个特殊目标时，单一体系就显示出清晰的
优势。下文将呈示的分类体系便是为了这样一个特殊的目标，那
就是观察儒学的核心——"政""教"观念在宋代的发展。分析的对
象，是对宋代儒学进步起过一定作用的知识分子和学术流派。我
们将知识分子区别归纳为不同的群体。群体名称含义宽泛，只代
表人群和潮流，而不是要详细描述群体中每个个体的特点。当然，
我们的界定并非绝对准确、无懈可击，其作用只是帮助读者确定每
个群体在与其同时代的其他群体的关系中所处的位置，以及该群
体在与不同时代的类似思想潮流之间的关系中所处的位置。

　　分类的基础，是在两宋通行公认的儒家传统。必须强调指
出，尽管当时中国处于新传统主义的开端，但是，大多数士大夫并
没有太多的新思想。他们是因循传统的儒者，恪守渊源有自、世

46 所公认的价值体系,罕有鼎新革故的念头。他们著述颇丰,但其著述却很少得到后世的重视,因为其中极少新鲜而有创造性的见解。这种情况很正常。与其他文化背景当中的官僚和精英一样,宋代的许多士大夫倾向保守,反对变革。然而,却有一批为数不多的知识分子拒绝墨守成规,鼓吹改革现状,并借由对古代经典的创新性解释,表明自己见解的合理性。这批人就像海中冰山露出水面的尖峰,光芒闪烁,影响深远。

但是,对于究竟应当改变什么和怎样实现变革,新传统主义儒者们的看法不尽一致。区分不同派别的简单标准,便是看其对流行于思想界、政治和社会领域的正统儒家观念的批评程度。一些知识分子只是希望为正统儒家注入新的、理想主义的热忱,使之重新恢复生机、获得发展的动力,此外不作任何改变。一些知识分子主张在现行体制内部有选择地引进某些改革,而另一些信念更加坚定的知识分子却走得更远,要求彻底而全面地改革现状。以这一特定标准衡量,尽管新儒家自诩为正统和非改革的,而他们对待 11 世纪那场变法的态度也确实保守,但是,考虑到他们渴望改变现存价值体系、行为规范的热切程度,则新儒家称得上是真真正正的变法派。当然,没有一位新儒家学者肯承认这一点,因为在南宋,"变法"这个词早已名声扫地。然而,从我们的分类标准来看,早期的变法派和新儒家之间显然具有某种意味深长的共通之处。这两个群体都希望发生根本性的改善,都致力于以一种彻底的姿态重建现存秩序。而对于什么是应当重建的、向哪个方向努力以及怎样进行重建这类问题,两个群体却意见相左、看法冲突。

表格有助于简化表述,省却有关群体、潮流及其代表人物的长篇大论。表 1 是对于宋代儒家状况的微缩式全景描述。

表 1　鼓吹变革的宋代儒家

	主张为旧理想注入新生机	主张有选择地改革	主张彻底改革
北宋知识分子	孙　复 司马光 苏　轼	范仲淹 1043—1044 年较小规模的改革 欧阳修 　散文文体和科举考试	王安石
南宋知识分子	杨　时	陈亮 　军事 陈傅良 　国家机构 叶适 　国家机构 陆九渊 　教育	朱熹

　　通行著作关于这些思想家的文字已经汗牛充栋，因此，我们对上表只需作简单解释。鼓吹为旧理想注入新生机的知识分子，其注意力集中于相对简单的原则，缺乏复杂的理论。例如，孙复曾经发布一份"儒家宣言"，抨击佛、道两家的思想行为对儒家社会规范的败坏。司马光认为，历史证明道德水准在政治中具有决定性的重要意义，因此特别强调个人在以家庭为起点的社会群体中的行为和价值。作为王安石变法的反对派领袖，他把矛头直指变法派对传统的背离以及由此造成的道德败坏后果。尽管司马光被一成不变地贴上了保守派的标签，而他也确实反对那场变法和一切激烈变革，但实际上，他本人则主张通过选拔正直高尚的官员，以渐变的方式提高政府的行政质量。天才的多面手苏轼则始终希望潜移默化地推进高雅文化，从而提高士大夫的文明程度，并借助士大夫的影响提高整个社会的普遍文明程度。

　　时光在流逝，越来越多的新传统主义知识分子追随着这条思想路线，但极少做出令人瞩目的成就。新儒家的先驱杨时（1053—1135 年）就是一例。他是二程的弟子，并一向被视为程氏兄弟学术向南宋传播的关键传人，曾经在中兴之主高宗的朝廷里侍讲经筵，但为时不长。杨时比较重视道德水准和行为规范，对开创哲学理论则用力较少。简言之，那些鼓吹为旧理想注入新活力的学者一般很少创造出复杂的理论和纲领。

第二大潮流派别为选择性局部改革派。他们一方面努力推动理论的进步，一方面主张制定可行性纲领促进旧体制更好地运行，力图引入关键性改革以改善现状，但不主张大规模全面改革。这种思想方法在他们所关注的政府事务、教育、文学、经学和形而上学等不同领域同样适用。范仲淹的名言"先天下之忧而忧，后天下之乐而乐"，堪称"学者的奉献宣言"，至今常被引用。范仲淹领导了 1043—1044 年那场惨遭夭折的小规模行政事务改革。欧阳修也是那场改革的重要参与者，但其改革要求并不迫切。他最伟大的贡献，是发展了一种清晰的散文体裁，并对经典作了新的解释。尽管看来有些令人吃惊，但是，二程和其他后来被新儒家奉为先贤的哲学家们在其生前并不赞成政治、社会领域的彻底改革。他们所主张的大刀阔斧的改革限定在哲学这一特定领域，是观念的变法，大大推动了形而上学和宇宙论等广阔领域的发展。

时值天下太平、百姓富足，新儒家的先驱们本来可以安逸地沉潜于哲思。但是，对未来的忧患又使他们追根返本，提出一系列有关人生、宇宙及其意义的终极问题。问题涉及的领域曾经为佛教所独擅。而现在，儒家的哲学家开始发问并阐发出许多别开生面、令人耳目一新的概念，比如无极、太极、太和、性、心等等。即使对于非儒家来说，这些概念也是深刻和具有挑战性的。宋代的新儒家为儒家哲学筑造了一个强大的、新的形而上学基础，使它空前地博大精深。然而，他们对于眼下的社会重建并不感兴趣。

此外，选择性局部改革派充满热忱地追寻着儒家理论中的某些关键因素，认为由此便可以实现国家的富强和社会的改良，这种追求直到南宋仍未间断。12世纪中叶最著名的主战派实用主义者陈亮近乎顽固地主张推行他所设计的军事体系，以改革时弊，梦想从女真人手中收复中国北部平原。另一位实用主义思想家陈傅良（1137—1203年）则认识到军事制度和其他行政制度之间不可分割的关系，探讨如何切乎实际地改善某些关键制度。稍后，叶适以其对现状的敏锐观察和对儒家经典的旁征博引，创造性地设计了一系列制度措施，希望对某些特定制度起到推进作用。

心学学派的奠基人陆九渊（更以象山之名闻名）曾经是大儒朱熹旗鼓相当的对手，生前备受尊敬，死后几百年中受到的推崇甚至超过生前。他选择哲学而非军事或制度作为潜心研究的领域，推进了心学的深度。儒学通常比较强调行为和道德，而陆九渊则更强调心，认为只有良心才能造就更好的个人，进而造就更好的社会。在这一点上，他和北宋的儒家先行者同归而殊途。

第三大派别主张进行釜底抽薪的改革，想要一劳永逸地使整个体系走上正轨。这类人思路开阔、眼界极高，容易偏向固执、不妥协，变得具有侵略性。改革者王安石即是如此过于自信，但绝不缺乏同道。新儒学的伟大奠基者朱熹本人及其追随者便怀着 *50* 同样的胆识，号召对政府和社会进行彻底的再造。让朱熹和王安石为伍，看来颇有些荒谬。但是，请不要忘记，对立的两极往往有着相似的特性。王安石希望在文化、经济和政治领域进行激烈的制度改革；而朱熹所领导的新儒家则希望通过哲学、道德、文化，最终是社会和政治方面的进步使社会发生同样彻底的转变。简言之，新儒家不只是想成为官方正统，而且要对一切重新定位。尽管他们宣称自己的主张是从三皇五帝传下来的正道，实际上却恰恰代表了一种对整个社会的全新的思考方式。

王安石和新儒家的区别不仅是主张的区别——一方主张制度变革、一方主张哲学定位，更是理念的区别。王安石重视并谋求建立一个运行高效的政府，新儒家则渴望建立一个具有自我道德完善能力的社会。尽管如此，二者却有着类似的观点，这种观点根植于对现状的强烈不满。在他们看来，现存儒家实际上已经陷入破败的境地，其缺陷产生于许多根本性错误，任何零敲碎打的修修补补都不可能奏效。儒家理论必须在一个新的基础上进行重建。

什么才是儒家正统，是一个关系到历史和地理背景的有趣话题。在北宋，王安石主张政治和教育都必须坚持唯一的道德标准（"一道德"），固守唯一的价值体系。正因如此，他把自己所作的《周礼》注释和词源学著作（《字说》）规定为科举考试的标准参考书。王安石的行动仅此而已，他的新学学派从未被视为儒家正统。尽管如此，他的所作所为却使正统的议题浮出了水面。他的保守的反对派秉承源自北方黄河流域的古老风气，主张让不同的理论"共存"（"兼存"），而不是"选择一个为定论"（"定于一"）。新儒家所尊崇的五位北宋儒家大师都是北方人，虽则自以为是，却从未发展到排斥其他经解的极端地步。但是，南宋的新儒家宣称自己是唯一的正统，除了对早期思想家还存有一些敬意，对任何与该学派意见分歧的理论都不加理会。其自以为是的极端程度，比王安石有过之而无不及。有趣的是，王安石和新儒家都来自南部沿海地区和长江流域。上述地区现在已经是中国的中心区，但在宋代,从文化角度看,却属于边缘地区。这些地方的知识分子言辞大胆,为了给自己和自己的理论谋求领导地位,往往会比其他地方的人更加富于侵略性。[①]

　　13世纪,新儒家终于确立其官方正统地位,这是对于道德先验论者积极进取精神的最终回报。然而,在此之前,新儒家及其先驱道德保守主义者,还需承受冷嘲热讽和被排斥在政治权力之外的冷落与挫折。

---

① SYHA,卷22之106、卷23之117;SYHAPI,卷23之7。

第二部分

12 世纪

第四章　道德保守主义

在高宗统治初期的动荡岁月中，机构改革的想法成了一个禁区。王安石变法早已声名狼藉，而朱熹关于社会转型的构想还远未出现。然而，尽管王安石的理想主义早已随风而逝，甚至再也没人说一句支持变法的话，主持政府日常工作的，却是那些早已习惯于新法的官僚。在处理实际事务时，这些老于世故的文官更喜欢遵循灵活的实用主义原则，而不是任何教条。他们是保守的儒家，乐丁固守在过去半个世纪中所形成的规矩程式。当权官僚对权力的把持，皇帝的矛盾心态，还有道德保守主义者自身的弱点，都将他们屏蔽在权力场之外。

亡国之耻的震撼

尽管未能重获权力，保守派却拒绝沉默。他们的愤怒不只针对变法的追随者。北宋的覆亡使整个帝国所蒙受的文化屈辱，更激起了他们强烈的道义愤慨。

军事上的失败本身就足够让人震惊的了，而失败的原因却恰恰是大宋列祖列宗为了防止内乱所采取的陈腐的军事措施。近两百年来，最精锐的军队总是被部署在京畿地区，而不是在边境线上。军政混乱，由刺面士兵组成的常备军通常不能足员，缺乏训练，统领不力，并且要经常性地奔波于各个驻防地之间，换防更戍，其目的就是防止将领和军队之间建立私人的忠诚。但是，在边境地区，却千真万确地存在着一支支由世家出身的职业军官所控制的军队，军官和士兵之间结成虚拟的父子关系，构成一道"马奇诺防线"。一旦这道防线惨遭突破，整个防御体系也便宣告崩溃。在噩梦般的 1127 年，没有一处地方在抵抗。危急时刻，皇帝甚至被迫短期避难海上。

然而，在那个时代的许多观察者看来，最令人痛苦的却是士大夫阶层所暴露出来的可耻弱点。堂堂的儒家士大夫，投降的投降，投敌的投敌，还有更多人把自私的求生欲望摆在官员的责任和个人的名誉之上。诸多令人无法容忍的恶行汇集成为巨大的震撼。保守主义者发出难以遏制的呼喊：可耻啊！

正像其满洲后裔在几百年后所做的那样，女真征服者对占领区实行严酷统治，强迫被征服者停用汉人衣冠，要么接受女真发式，要么面对死亡的刑罚。对被征服者来说，接受这些条令是痛苦的，因为它要触动的不仅是人的外在形象，更有做人的尊严。这些法令起初并未严格地强制推行。十几年后，到了 1139 年，和约的签订宣告了女真占领的永久化。许多人，特别是那些在占领者手下当官的精英开始自觉自愿地穿女真人的服装，梳女真人的发式。1150 年，金朝政府最终同意人们可以选择服装和发式。[1]听到这个消息，南方的儒家学者们觉不到一丝安慰，心中只有悲愤。他们忘不了变发易服令中所流露出来的对汉人生活方式的蔑视，认为那是"一场关系到汉人和野蛮人关系的本末倒置的危机"（"华戎之变"）。[2] 在此前的农耕民族与游牧民族的

---

① HNYL，第 560、2093、2616 页；PMHP，卷 123 之 9—10。
② SYHAPI，卷 38 之 2。

冲撞与融合期,比如南北朝(420—589 年),文化的屈辱从未如此突出。

　　宋朝皇室成员在囚系和长期放逐当中所遭受的无以名状的屈辱,是这场巨大震撼的又一根源。俘虏包括高宗的父亲(徽宗,1101—1125 年在位)和他的皇后;高宗的长兄(钦宗,1126—1127 年在位)和他年轻的皇后;高宗的生母、妻子;王子、公主;许多有名位和没有名位的后宫佳丽;以及共 900 名左右宗亲和他们的家人。[①]两个传说在当时流传甚广,尤其令人震惊。一个说高宗的生母做了一位女真王子的妾室。据说,这位女真王子名叫"盖天大王",是负责押送宋朝俘虏的将军之一。[②] 另一个传说则更加离谱,言之凿凿地宣称她甚至还给他生了一个孩子。[③]

　　儒家传统视家族关系为不可侵犯,皇帝的家族尤当如此。如果上述传说属实,那么传说中所描述的被迫失贞行为,对于高宗而言,就构成了忍无可忍的人格侮辱。若干世纪以来,这两个传说的可信度成了历史写作当中令人恼火的问题,历史学家视之为秽史邪说,或避而不谈,或干脆抹杀。20 世纪早期,一些稀有史料的重新面世证明它们确是有意的虚构,[④]是女真人在长江以南

57

---

① 《靖康稗史》,第 5 条,第 1 页;第 6 条,第 2 页。

② 《南烬纪闻录》,第 34—35 页。

③ 《窃愤续录》,第 11—12 页。

④ 根据最近发现的资料所揭示,大批宋朝宫廷妇女或是嫁给了女真贵族,或是遭到了他们的强暴,她们中有些人自杀或是企图自杀。高宗的妻子就曾自杀,但没有成功。但是,韦妃,高宗的生母(南归后被尊为太后)却不在其中。韦氏被掳时 38 岁。她和其他18 名宫廷妇女一起被定为"良家子",这是一个具有保护性的称呼。另一方面,野史的编造也不全是空穴来风。"盖天大王"是负责押送被俘宫廷妇女的金朝将军,韦氏正在他所押送的囚徒当中。但是,"盖天大王"想要的却是高宗的妻子,而不是他母亲。24天之后,他离开了这群囚徒,而韦氏还留在那儿。随后,他纳一名宋朝的公主为妾,但这位公主年纪轻轻就死了。10 年后即 1140 年,"盖天大王"出现在护送已经做了太后的韦氏去南宋首都临安的卫队里。在宋朝囚徒的经历当中,"盖天大王"是一个人人熟知的重要人物,因此,夸大他的作用可以为野史增加某些可信度。

遭受挫败之后，几个女真将军流布出来的谣言，其目的是要羞辱和削弱南宋朝廷。[1] 当许多宋代宫廷妇女在囚系中忍受着种种虐待的时候，高宗的母亲和其他一些宫廷妇女幸免于非常之辱。在随后的和平谈判中，高宗乞求敌人体面地归还母亲。他对大臣们说，接回母亲是孝道的要求，和平因此显得刻不容缓。

尽管这两个传说查无实据，尽管没人敢公开谈论这件难以启齿的屈辱，但是，许多南宋人无疑都听说过它。[2] 退一步说，即使抛开这桩谣言不提，数以百计的宫廷妇女在女真人手中的悲惨命运也是众所周知的不争事实。对儒家知识分子来说，这是何等的痛楚和令人震惊！

对于保守主义者来说，南宋军事上的失败尚可理解；可是，刚打了几场非决定性的战役就抛开民族尊严去乞求和平，好像那些耻辱之事从未发生过，以爱国主义立场和权位与道德并重的儒家古训衡量，则是断断不可饶恕的。受命于天（天命）的中国皇帝竟然向蛮族朝廷屈膝乞降，将列祖列宗传下来的土地和忠诚的臣民拱手送敌，则不仅是奇耻大辱，更是对上天的大不敬。父亲和长兄——两位前任皇帝沦为臣虏而不能报仇雪耻，不孝莫过于此。所有这些叠加在一起，令人不禁要质疑南宋王朝的合法性。

然而，称帝后不久，高宗就置一切反对于不顾，打着问候囚系中的父母、兄长、妻妾、宗室的旗号，向敌人派出了一拨又一拨的使者，表示自己的乞和姿态。较早的使者朱弁（？—1144 年）是一位保守主义者，他出于对两位陷于女真之手的前任皇帝的忠

---

[1] 《靖康稗史》，第 6 条，第 1 页，以及最后的版权页，日期为 1909；周密：《齐东野语》，卷 18 之 1—2。

[2] 钱士升：《南宋书》"前言"；HTC，第 2585 页注。

诚，自告奋勇充任这桩充满风险的差使。① 其他的使者，尽管保守主义者常常怀疑他们有政治变节行为，但事实证明他们都是忠诚的。沉醉在胜利喜悦当中的敌人一次又一次傲慢地拒绝南宋的使者，甚至从未让他们跨过女真军队的司令部接近金朝的朝廷，尽管如此，南宋的乞和努力却断断续续地坚持着。1129 年亦即即位后的第三年，高宗修书给金军前线左副元帅，乞求罢兵，用词极尽卑微之能事：

> 现在，鄙国想要防御，又缺乏人力；想要逃跑，又无地可藏；只有盼望阁下的垂怜。正像此前屡次上书中提到的，我们情愿自削名号（指皇帝），让天地之间都成为大金的国土。②

此时，前宋朝高官刘豫（1079—1143 年）投降了女真人。南宋朝廷不仅没有加以谴责，相反，却请求这位变节者充当向其新主子传递乞和消息的中间人。当刘豫被扶植为女真羽翼下的伪政权首脑时，南宋朝廷又彬彬有礼地用这个伪政权的国号来称呼它"大齐"，正像他们称呼女真帝国"大金"一样。直到刘豫的军队开始参与女真人领导的侵略行动，南宋才宣布它为僭伪。③

高宗的乞和努力遭到了粗暴的拒绝，但他还是甘愿在与女真人的交往中摆出卑微的姿态，称金人为宗主。举例言之，他在

59

---

① HNYL，第 125—127、138—139、160—161、240、323 页；HTC，第 2580、2623—2624、2637、2702 页；《皇宋中兴两朝圣政》，第 395、420、465、508 页；PMHP，卷 110 之 1，卷 120 之 1—13；SYHA，卷 22 之 108；SYHAPI，卷 22 之 43。
② HNYL，第 524—525 页；PMHP，卷 108 之 2。
③ HNYL，第 873、1348 页；HTC，第 3037—3038 页；《皇宋中兴两朝圣政》，第 1228 页；PMHP，卷 164 之 9，卷 172 之 10—12；杨尧弼：《伪齐录》。又参见朱希祖：《伪楚录辑补》；沈忱农：《宋代伪组织之始末》。

1131 年＊派出的特使的名目是"大金奉表使兼军前通问"。① 通常而言，"表"是臣下为了表明或重申其卑微地位所呈示的忠诚宣言。1133 年，宋朝的使者第一次获准作为传信人前往女真朝廷。1139 年，当宋金第一次达成和议之后，女真人向南宋发布文告，要求高宗放下皇帝的尊严，作为个人来接受诏书。这虽然只是一个简单的手续问题，却有着授职仪式的象征意味，南宋朝廷顿时为之大哗。经过艰难的谈判，再加上女真使节也不想完不成使命，手续终于得以简化。当然，高宗仍然不得不在给女真人的答书中自称下属或臣子，而不能自称为皇帝。②

1141 年的第二次和平谈判开始时，高宗上书金人说："承蒙上国皇帝赐予无尽的和平恩宠，我们日夜怀念陛下的大恩大德，不知何以为报。"③第二次和平协议达成后，南宋派往女真朝廷的使节使用了"大金报谢使"这样的称号。④ 而当女真人终于将高宗的母亲从囚系中放还时，他对宋朝臣民表示，正是上国的仁慈（"仁"）成全了自己的孝道（"孝"）。⑤

当然，来日方长，高宗并没打算永远地卑躬屈膝下去。在以屈辱的条件换得自身地位的稳定之后，他便要讨价还价，提高地位。1151 年，高宗请求女真朝廷允许他自称皇帝。但是，过了很长时间，诸如此类的努力尚未获成功。⑥ 1162 年，高宗"功成身退"，宣布退位，被尊为"太上皇"。其养子孝宗皇帝（1163—1189 年在

60

＊译者注：此事在绍兴二年九月壬戌，故当为 1132 年。

① HNYL，第 1004—1005 页。

② HNYL，第 2009、2016、2022—2024、2027—2028、2172 页；HTC，第 3298、3307、3310—3311 页；PMHP，卷 155 之 17、卷 161 之 4—11、卷 162 之 1—11、卷 163 之 1—12。

③ HNYL，第 2276 页。

④ HNYL，第 2292—2293 页。

⑤ HNYL，第 2355 页。

⑥ HNYL，第 2645 页。

位)于 1163 年再度向女真人开战。次年,战争结束,和约再续,女真人最终承认了宋朝的统治者是皇帝。

上面所引的外交文件说的当然都是面子话,但是,在这个特别重视体统的社会里,外交辞令的争论却引发了对于权位和道德的公开质疑。胡寅(1098—1156 年)直言不讳地批评说,朝廷"置敌忾之心于不顾,违背道德大义,像卑下对尊上那样对北敌致敬……明明是奇耻大辱,却当做莫大的恩惠"①。

许多士大夫、所谓儒者自取其辱。高宗最初曾经发布诏书斥责那些国难当头之际未尽忠节的官僚。朝廷力量尚弱,无法重申这项斥责或是进一步谴责其令人震惊的恶行,然而,多数知识分子却不能原谅他们。几十年后,朱熹曾这样描述:"当北方朝廷沦丧之际,整个国家陷入极端的灾难。官员无论品位高卑,几乎无人能置个人安危于度外,果决地承担起应负的责任。"②当北宋首都开封遭到围困时,许多高级官员选择了同女真人合作。几个臭名昭著的家伙甚至逼迫两个皇帝出城到女真人的司令部去——而正是在那里,他们遭到俘虏,再也没有回到开封。不忠官僚加速了王朝的灭亡,又扶助张邦昌在故都做了第一任傀儡皇帝。然而,这班人仅仅是最初的背叛者,在他们身后,大批人看样学样。当第二任傀儡皇帝刘豫统治了中国北方的部分地域时,大多数背叛者留下来继续当官。③

———————————

① HNYL,第 2430 页;《皇宋中兴两朝圣政》,第 773 页。

② 朱熹:《伊洛渊源录》附录,卷 4 之 6;HNYL,第 149 页;洪迈:《容斋随笔》卷 2 之 58—59;PMHP,卷 108 之 1—2;SYHA,卷 32 之 91。

③ HTC,第 2562—2564、2579、2608—2609、2615—2616 页;《皇宋中兴两朝圣政》,第 398、410、433—434 页;PMHP,卷 78 之 9—11、卷 79 之 4—9、卷 79 之 13、卷 80 之 3—4、卷 84 之 5—8、卷 105 之 11—12、卷 106 之 1—2、卷 134 之 14—15、卷 135 之 1—3、卷 138 之 3;王明清:《挥麈录》,第 435 条。

无耻的先例一开，令人震惊的背叛行为就不再局限于北方，随着女真军队的南侵，背叛也越来越普遍。所谓儒者以极端可憎的方式贬低着自己的形象。他们弃官而逃，速度比谁都快；向敌人躬下腰身，以示欢迎；自告奋勇为敌人或是傀儡统治者服务；一小撮叛徒甚至为敌人的纵深侵略出谋划策。更有甚者，叛徒怂恿敌人对已经陷落的城市中手无寸铁的平民大开杀戒。最让那些恪守原则的儒者感到震惊的，是这群毫无廉耻的士大夫竟然用战国时代"士"的行为来文饰自己的恶行，说他们也是自由的，可以从一国的官场转到另一国的官场。① 当女真与南宋之间的战争进入相持阶段时，一些靠近战场的宋朝官员不再明目张胆地不忠，而是见风使舵，控制地方政权，在宋金之间首鼠两端。②

曾几何时，南宋朝廷上流行着一封奏章，扬言要对大将实行集权控制，无条件打击武人的不忠和摇摆。被激怒的武将找来文人写下反驳文章，讽刺说："今日之文官都是些尸位素餐的家伙。……朝廷派他们主政地方，他们却向敌人投降；朝廷派他们去保卫城市，他们却丢下城市逃跑。正是他们在鼓噪和议。……正是他们主张把领土拱手送给敌人。……更丢人的是，张邦昌建立了第一个傀儡政权，刘豫又建立了第二个。这两个人不也是文官吗？又怎么会做出这样的事？"③尽管旨在讽刺，然而有着无可争辩的事实根据。

自身还立足未稳的朝廷不敢太讲原则，对臣下的道德要求太

---

① HNYL，第 1700—1701 页；HTC，第 2667、2802—2805、3246 页；《皇宋中兴两朝圣政》，第 411—412 页。

② HNYL，第 912 页。

③ HNYL，第 148—149、2078—2086 页；HTC，第 2878 页；《皇宋中兴两朝圣政》，第 773 页；PMHP，卷 141 之 11、卷 145 之 8—9；刘子健：《略论宋代武官群》。

高。相反,它情愿对背叛者睁一眼闭一眼,对背叛者及其留在南方的家属不施惩罚,盼望宽宏大度能引来回心转意。从"现实政治"(realpolitic)的角度考虑,留在朝廷这边的士大夫及其家族越多越好,而他们的过去并不重要。套用一句流行的话,这是一个 62 政府"藏污纳垢"的时期。的确,事实上,许多官员、将军和流寇头目都有双重的背叛行为:先投靠女真人或其傀儡,过不多久又倒向宋朝这边。① 女真人废除刘豫的傀儡政权,随后与南宋达成了第一次和平协议,在此期间,相当数量的北方官员又摇身一变,成了大宋的臣子。

不少武人的表现有过之而无不及。他们频繁地从一方倒向另一方,从宋朝方面转而投靠刘豫,然后再背叛刘豫转向宋朝或是干脆变成流寇。有时是反其道而行之:从流寇变成宋或刘豫的武装力量。然而,知识分子们从不激烈地批评武人和流寇的投机行为。在宋朝,皇帝的猜忌导致了军队的堕落,而士大夫也因此越来越忽视军事理论和军队管理。在文官考试中名落孙山的年轻人也许会通过相对简单的考试猎取一个军事方面的学衔,目的却是换试文官。② 即使是那些有资格定期为子弟谋取武官官职的军官,通常也不希望家人步自己的后尘。③ 因此,当女真人打来的时候,知识分子们想当然地不会指望那些没有受过教育的武人去遵守高尚的儒家道德准则。

但是,士大夫应当与武人不同,该是深明大义的。退一步说,

① 庄绰:《鸡肋篇》,第 67 页;HNYL,第 148—149、2078、2086 页;HTC,第 2638—2639、2655、2685、2781、2843、2921、2936—2937、2946、2966、2977 页;《皇宋中兴两朝圣政》,第 429、482、859、923、967—968、1174 页;王明清:《挥麈录》,第 339 条。
② 宁可:《宋代重文轻武风气的形成》;刘子健:《略论宋代武官群》。
③ HNYL,第 836、1334 页;《皇宋中兴两朝圣政》,第 806、1674 页。

他们总还可以选择去职，从积极的生活中退隐，或者干脆隐居。[①]
但是，却有如此多的人表现出如此无耻的机会主义。残酷的现实
提出了一系列严峻的问题：儒家教育是否还足够有效？士大夫阶
层的道德价值观究竟是什么？怎样做才能挽救现状？

　　士大夫阶层还暴露出其他一些令人沮丧的问题。在对当
时日渐败坏的"士的生活方式"（"士风"）的诸多批评当中，有两
种特别值得一提。第一种以讥讽的口吻勾勒出一个士大夫在
其官僚生涯的一系列环节上的应对办法，就像是一幅抛弃了一
切道德顾忌的贪婪者的漫画像：首先，摆出良好姿态等待任命，
力争肥缺，务求兼职。万一所求不获，则谋改派。如果玩忽职
守遭到查处，则争取官复原职，至少也要谋得一份闲职，好领上
一份退休金。如果得志，则当争取供职于靠近朝廷的地方。在
朝供职，则当摆脱论资排辈，争取超擢。最后，找个大官当靠山，
他一封表奏上去，就能安排一个在其直接领导之下的特别职
位。[②] 另一种批评则温和得多，它指出了一种现象："人人都想升
官，但是，令人费解的是，大多数士大夫却害怕被派到地方去当县
官或通判。"[③]官僚机构人满为患，员多缺少，却没有人愿意去当
地方官，特别是边远、贫困地区的地方官。虽说儒家把责任抬得
很高，许多士大夫却根本没把它当回事儿。

　　形形色色违背儒家道德的行为叠加在一起，引起了强烈震
荡，使得信念坚诚的儒家知识分子们不断感到道德愤慨。他们相
信，要想拯救这个国家，军事防御是必要的，但仅有军事是不够

---

① 青山定雄：《北宋士大夫家族的崛起及其生活伦理》；衣川强：《论宋代的俸给》；
　　HNYL，第 1059、2150 页；PMHP，卷 134 之 8。

② HNYL，第 1492 页。

③ 齐觉生：《南宋县令制度之研究》；HNYL，第 1745、2133—2134 页。

的。首先,这个社会必须是值得拯救的,然后,社会便会实现自救。在他们看来,唯一的出路便是道德重建。

变革之门的关闭

震荡引发人们求新求变。但是,那究竟应当是一种什么样的变化? 是否亟须进行某种改革呢? 无论他们的想法是对是错,那个时代的许多士大夫都认为北宋的灭亡与变法或制度改革不无关系。在南宋初期的朝堂上,曾经支持王安石机构改革及其变法体制的官员通常保持沉默,那些侃侃而谈的官员所表达的则是对元祐时代(1085—1093 年)充满怀旧色彩的推崇,正是在那个时代,大权在握的保守派废止了变法措施。1129 年,当时还是低级官员的赵鼎(1085—1147 年)大胆指责北宋宰相蔡京(1046—1126 年)推行的改革体制导致了王朝的灭亡。① 几年后,高宗皇帝本人更进一步越过蔡京,将斥责的矛头指向王安石,说人们只知道蔡京一伙的罪行,却不知 *64* "帝国的乱亡其实从王安石就开始了"②。这句话是对另一位保守派陈渊言论的回应,陈渊宣称:"王安石的学术不灭绝,列祖列宗时代的好政府就不会重现……眼下的复兴也不会成功。"③

上引敌对言论的结果之一,是朝廷把王安石的牌位从先帝神宗(1068—1085 年在位)的庙里请了出去。不久,又撤销了王安石的追赠爵位舒王,并将王安石的任命状从记录中清除,就像它

---

① HNYL,第 297、494 页。
② HNYL,第 1449 页;《皇宋中兴两朝圣政》,第 803—804 页。
③ 陈渊:《默堂集》,卷 16 之 13;何湘妃:《南宋高孝两朝王安石评价的变迁过程与分析》。

们从未发生过一样。王安石成了众矢之的，攻击的火力主要集中在他的儒家理论，而不是他的变法措施。最激烈的批评甚至否认王安石是儒家。批评者宣称，王打着儒家的幌子，取法于古代的法家和霸道，拉虎皮做大旗，把一批儒家绅士（意指保守派）排挤出朝廷。他们甚至指责王安石的几首名诗离经叛道。高宗同意这些批评，说王安石"心术不正"，所作所为既不恰当，也非正统。[①] 所有这些攻讦归结起来构成了口头上的"驱逐出教"。此后，任何略带变革色彩的建议、一切机构改革都将遭受"背离儒家"的责难。

批评说起来容易做起来难，逐项废除改革措施有其实际困难和复杂性，结果也良莠不齐。第一项要废除的改革措施是不受欢迎的农业贷款，即所谓青苗钱，这是一项在播种时借给农民，到收获季节还本付息的贷款。废除青苗法没有引起争论，因为在这项措施的实施过程中，地方官坚持要凑够出贷款项的配额，胥吏便迫使那些无意贷款的百姓借青苗钱，老百姓已经是怨声载道。第二项要开刀的改革措施是免行税。缴纳免行税使行会免于向地方政府提供各种强制征收的物资。它的废除，使得许多地方军队既失去了足够的物资供应，又没有购买这些物资的资金，叫苦不迭。在这种情况下，军队不得不向行会另行勒索。几年之后，政府又恢复了这项改革措施。制度的置与废给了人们一个教训：匆忙改变一件已经存在了很长时间的事物，是不可能毫无麻烦的。[②] 王安石已经犯了匆匆忙忙就想改变整个体制的错误，当他所建立的制度存在了三五十年之后，那些想要废除它的人又重蹈覆辙。

65

---

① 陈渊：《默堂集》，卷 17 之 9；HNYL，第 494、542、831、1290、1296—1297、1449 页；HTC，第 2771、3019 页。

② HNYL，第 512—513、782、1375、2446 页。

地方政府的吏役始终都是一个棘手的问题。传统官僚和儒家保守主义者都主张依靠摊派,挑选那些通常是富裕的上层家庭来承担,他们相信这些家庭相对而言比较可靠。[①] 王安石领导下的改革派则坚持取消摊派性吏役,以地方政府雇用吏胥和人力取而代之。雇役者的数量可能十分庞大,但政府可以解雇或严厉惩罚不合格的人,因此,改革者相信这会是一个更加有效的方法。[②] 1129 年,就在废除改革措施的声浪中,朝廷决定恢复古老的摊派性吏役。但是,许多地方官员报告说没法施行这项指令,困难太多了:有能力负担吏役的家庭数量根本就不够;缺乏有经验的人手;而且,人们已经习惯了用缴税来代替服役。直到 1147 年,有关雇役法的税收条款仍然保存在现行法令里面,而按照 1129 年的指令,它早应失效了。最终,朝廷承认摊派吏役和雇役各有利弊,将权力下放,允许地方政府因地制宜,自由选择吏役制度。[③] 毕竟,宋代中国地域广大,各地的情况千差万别,难以强求一律。如果某一派官员能够早一点意识到变通之道,那么,宋帝国是不是就有可能避免那场有关服役制度(役法)的规模浩大、充满火药味儿的争论以及由此引发的困惑呢? 这个问题的答案,南宋无人知晓,甚至无人如此发问。因为儒学已经转向内在,儒者们所热衷的,仅仅是对特定领域内特定问题的探讨。

"保持均平的仓库"(常平仓)是地方政府用来赈济灾荒、平抑 66

① James T. C. Liu(刘子健):*Reform in Sung China:Wang An-shih*(1021—1086) *and his New Policies*(《宋代中国的改革:王安石及其新政》),第 98—113 页。

② 朱家源:《谈谈宋代的乡村中户》;McKnight:*Village and Bureaucracy in Southern Sung China*(《中国南宋的乡村和官僚》),第 20—97 页;周藤吉之:《唐宋社会经济史研究》;王曾瑜:《宋朝阶级结构概述》。

③ HNYL,第 2544、2970—2971、3610 页;王槐龄:《有关宋代差役的几个问题》;王德毅:《宋史研究论集》,初集第 233—262 页。

物价、应付危机的制度，早在变法之前就已经存在。变法增加了常平仓的数目，拓展了它的功能。变法者空前积极而灵活地使用仓储物资，出入于谷物和其他商品市场，以此来保持政府物资供应的平衡，为人民提供赈灾物资，平抑市场物价。① 南宋伊始，便希望改变这项制度。1127—1128 年的短时期内，常平仓政策三反三复：首先，为了削减常平仓的功能，政府下令取消常平仓管理机构，将其职能交由其他税务官员管理。然后，又颁布与前令相互抵触的新令，规定暂时维持常平仓的原有官职设置不变。最后，下达了第三条诏令，取消第二条命令，规定仍然不设常平仓管理机构。1135 年，常平仓的职能再次遭到削减，它所有剩余的职能全部并入负责茶、盐专卖的税务官员名下。这些低级官员根本无法阻止地位远远高于自己的知州和其他官员挪用仓储物资。当人们意识到这一点时，为时已晚，常平仓政早已混乱不堪。②

　　对改革措施的批评和毁弃增强了公众的保守主义倾向，也造成了反对任何改革的偏见的泛滥。高宗引述一篇汉代的命令说："存在已久的制度是不应当被轻易议论的。除非有一百样好处，不要改变一项法令。"在另外一个场合，他又援引祖宗的权威说："很多人建议我们变法。但是，祖先留下来的古老规矩已经足够好，又怎么能擅作改动呢？"他诡计多端的代理人秦桧立刻奉承道："帝国基本上没什么问题。遵循既定制度方针自然是好的。"受此鼓舞，高宗又加上一句："只有小人才喜欢改变法度。"③改革

---

① James T. C. Liu：*Reform in Sung China：Wang An-shih（1021—1086）and his New Policies*（《宋代中国的改革：王安石及其新政》），第 83—84 页。
② HNYL，第 530、1395、1419、1769 页。
③ HNYL，第 1971、2447、2449 页。

的大门关闭了。保守主义影响深入大多数年轻学者的头脑。例
如,虞允文是一个文武双全的人物,后来曾经在对女真人的战争
中指挥过一场大胜仗。1158 年,当时还是年轻官员的他以一篇
文章博得盛名。文章提出三种明主贤君的为治之道:虔诚地礼敬
上天,平和地统治百姓,遵行祖宗之法。① 无一语提及改革或是
政策的改变,因为当时的政治—文化氛围都是反对"变"的。

"变"常常会引发许多实际困难。正像几位宰相所说,那些提
出新计划的官员也许根本就既不熟悉政策背景,也不了解现状。
在讨论国家政策的变革时,一些人会抬出老规矩,另一些人则会
举出新情况。一些政策在某些特定地区证明是成功的,但是否通
行于帝国的其他地区则值得怀疑。② 总之,现状几乎无法改变:
事物的惰性巨大,而保守主义通常就等于墨守成规。有人曾建议
高宗改革榷酒制度的缺陷,高宗的反应却是无望或者说是揶揄
的:"如果能改,还会到今天这个地步吗?"③

保守主义者常常用一个比喻来表达对变革的嫌恶之情,这
个自古儒家常用的医学比喻是:对重症久病者下药不宜太猛,
因为他虚弱的病体也许无法承受其副作用。最好、最安全的疗
法是让病人好好休息,佐以力道温和的药剂,使其慢慢恢复。
几位政见各异的宰相抱持相同的保守主义观点,主张南宋政府
与重病缠身的病人一样,需要温和的药方。皇帝最终也倒向了
这个主张。④

---

① HNYL,第 1158、1971、2447 页。译者注:原注页码如此,但虞允文论"君道有三"在
第 2988 页。
② HNYL,第 2941—2942 页;洪迈:《容斋随笔》,卷 4 之 5—6;SS,卷 281。
③ HNYL,第 2967 页。
④ HNYL,第 645、1869、1886、1974 页。

通向改革大道的门被重重地关闭了。这个经常处于女真威胁之下的政权，即使是在和平年代，也难再发生激烈的变革。

保守主义者的正统要求

南宋初期，如何巩固帝国从根本上说是一个方向问题。还有什么比重新强调那些在美好的往昔已经得到证明的价值观念更加安全的呢？新政权无意进行机构改革，相反，它坚信道德高尚的官员会自然而然地改善一切，把帝国巩固的希望寄托在建立具有崇高道德标准的新观念上面。这个方案最强有力的鼓吹者包括朝廷中的少数派官僚和几位应征为皇家教师的儒者，也就是我们称之为道德保守主义者的群体。此外，来自其他不同政治阵营的保守派人士，甚至最传统的儒家也支持这个方案。毕竟，同改革观点比起来，它才更接近于传统的儒家观念。

作为王子，高宗早年受过良好教育，是一位有才华的书法家，深受苏轼的影响。苏轼多才多艺，其成就遍及儒家精英文化的方方面面——书法、绘画理论、诗词、散文、政论、经学、哲学，还不乏幽默感。在他身上，最典型地体现了北宋文化的多元化精髓。高宗恢复了追赠给苏轼的学士头衔。① 不久，他又推动了对司马光的崇拜。司马光不仅是反对变法的保守派领袖，还是一位人格无

① Bol：" Culture and the Way in Eleventh Century China"（《中国 11 世纪的文化和习俗》）；Bush：*Chinese Literati on Painting*：*Su Shih*（1037—1101）*to Tung Chi-Chang*（1555—1636）（《中国的文人画：从苏轼到董其昌》）；HNYL，第 322、832 页；HTC，第 2672 页；Yutang Lin：*The Gay Genius*：*The Life and Times of Su Tung po*（《快乐的天才：苏东坡的生平与时代》）。

可挑剔的史学大家。① 司马光的《资治通鉴》受到皇家讲席的格外重视。这部书特别强调道德在历史教训中的作用，本来就旨在成为历史经验教训的指南。高宗认为，学习这部书可以帮助人们理解隐藏在秩序和混乱（"治"与"乱"）之下的基本原因。他是如此地喜爱这部书，在 1134 年，甚至将它作为礼物送给女真皇帝——他的敌人和可能的征服者。② 此举表明这位年轻统治者当时在政治上尚欠成熟。

　　司马光的保守主义理论反复论证，通往天下大治的通衢大道在于"端正名分"（"正名"）。用现代的话来说，就是自觉摆正个人应处的地位，对种种关系所划分的个人角色与责任（名分）采取认同遵循态度。高宗还特别欣赏司马光的另一个观点，即认为建立秩序的关键在于《大学》所倡导的"端正心思，意念坚诚"（"正心诚意"），这句话后来成为朱熹新儒家学派的一个口号。高宗对司马光的书法大加赞赏，说那古朴的字体就像出自汉朝人手笔。当然，高宗最欣赏的还是司马光为修身和建立家族规范所作的文章，甚至表示自己希望能发现某种办法，以便在科举考试中考察修身、齐家的德行。③ 显然，在统治初期，高宗心目中就已经牢固地确立了道德保守主义的基础。

① De Bary，Chan 和 Watson：*Sources of Chinese Tradition*（《关于中国传统的史料汇编》），第 448—452 页；Freeman："Lo-yang and the Opposition to Wang An-shih：The Rise of Confucian Conservatism 1068—1086"（《洛阳和王安石的反对派：1068—1086 年间保守主义儒家的兴起》）；萧公权：《中国政治思想史》，第 16 章；HTC，第 2662—2663 页；《皇宋中兴两朝圣政》，第 493—494、630、1280—1282、1294、1308 页；Sariti："Monarchy，Bureaucracy，and Absolutism in the Political Thought of Ssu-ma Kuang"（《司马光政治思想中的君主制、官僚制和集权主义》）。
② HNYL，第 297、1047、1199 页；HTC，第 2999 页。
③ HNYL，第 861、1733、1832 页；参见《大学》，James Legge 译，第 5—7 章。又参见 Gardner：*Chu His and the " Ta Hsueh"：Neo-Confucian Reflection on the Confucian Canon*（《朱熹和〈大学〉：新儒家对儒经的思考》）。

但是，国家怎样才能实现司马光的设想呢？对此，道德保守主义者几乎拿不出什么具体建议。他们对历史有着明确的认识，但不是像司马光那样的职业历史学家；对现实问题有着激烈的看法，但不是治国安邦的行家里手；其主要特长便是哲学理论。司马光设计过一个负责审计的新机构，但从未变为现实。到了南宋，同样的建议两度提出，又两度遭到官僚机构的否决，理由是不现实。司马光最为人所知的制度改进措施，是将官员按照才能分为十种功能不同的类别，但此项提议也从未全面付诸实施。高宗想要推行它，朝廷官员对其有效性意见不一，最后通过了一项只有六类的修正案，但是，这个修正案也很快就被抛在了一边，因为它跟现行文官体制的其他部分实在不配套。①

高宗寻找司马光的思想传人和与他观点相近的学者，把他们请进朝廷，当自己的经筵教授或侍读，希望他们能给自己恰当的引导。女真人对北方的占领和向南方的推进，迫使宋朝的政治、经济、文化中心大幅度向沿海地区聚集，因此，高宗恰好可以在首都临安附近找到这批人。11 世纪末，聚集在黄河流域洛阳地区的保守主义者的精气开始逐渐消失。在 12 世纪的头 15 年里，这个学派最终衰亡，其思想却开始由此向南传播，并在传播的过程中积蓄着动力。儒学在福建的发展最为令人瞩目。在那里，曾经从学于程颢、程颐两兄弟的杨时作为二程高弟赢得了广泛的声誉，成为在南方开创程学的第一位大师。女真人占领黄河流域后，这一学派的残存力量逃散开去，流向陕西、四川和长江下游地区。在长江下游的浙江和沿海的福建，出现了几个更有影响的保守主义

① 金中枢：《北宋科举制度研究》；HNYL，第 1184—1275、1428—1429、1560、2835 页；
  HTC，第 2995、3472 页；《皇宋中兴两朝圣政》，第 1104—1105、1132—1133 页。

群体。这样,尽管道德保守主义者在朝廷上仍然是绝对少数,其中的重要知识分子却能够密切关注时局的发展,并在皇帝有意听听他们的意见时应声而出。

第一个被征召到高宗朝堂上来的保守主义知识分子是谯定(生卒年不详),程颐的学生。他的到来似乎没有给任何人留下深刻印象,他自己也明白朝廷和大多数官员不可能接受其观点。于是,当朝廷迫于军事形势考虑迁都时,谯定告假返回四川老家。此后,这个平凡的人就再无消息。[①]

第二个被请到朝廷来的知识分子顾问是杨时。当时,他已是75岁高龄,负有二程高弟的盛名。他曾经在北宋末年短期在朝为官,了解官场的规矩。在杨时的建议下,朝廷褫夺了改革者王安石的追赠官爵和礼仪上的荣誉。这是他所迈出的唯一一步,这一步的意义只是象征性的。他的崇拜者把这一举措比作正中要害的一刀,但很少有人同意这个比方。除此之外,杨时的经筵讲授都只围绕着纯粹的学术性问题。没过多长时间,他就因年老而退职。[②]

胡安国(1074—1138年)是第三个应召而来的知识分子。他是谯定的学生,其盛名与杨时不相上下。他在朝廷中干了6年,比两个前任都长。此时,高宗的历史兴趣已经越过司马光那部著名的编年史所涵盖的时段,转向遥远的古代。因此,胡安国受命讲授《春秋》和《左传》。可是,后来高宗却说自己从胡安国那儿学到的上古史,不如从另一位更年轻的保守主义者张九成(1092—

---

① HNYL,第200页;SS,卷459。

② 朱熹:《伊洛渊源录》,卷10之5、卷10之8;HNYL,第289、313页;HTC,第2645页;《皇宋中兴两朝圣政》,第433、493、502页;SS,卷428;SYHAPI,卷25之22—23。

1159 年)那儿学到的多。胡安国既没有成功地让皇帝对其他儒经产生兴趣，也没有以自己的时事议论打动皇帝。在失意中，他向儿子透露："我已经写了 20 篇关于时事的文章。它们也许不足以概括全局，但即使是诸葛亮(3 世纪时人，中国历史上最杰出的谋略家和政治家)复生，恐怕也难以比这做得更好。"然而，《宋元学案》的著者却以为，这些文章的大多数内容都是陈词滥调。①

胡安国的前任都远离朝廷政治，他却卷入其中。此时，一向态度温和的大臣朱胜非(1082—1144 年)受到营私、偏袒和议、疏于防务等多项指责。胡安国公开攻讦朱胜非并导致了朱的去职。相反，胡却对秦桧抱有好感。他蒙在鼓里，根本不知道这位大权在握的宰相正秘密推进与女真人的和谈。显然，这位杰出的学者在政治上是幼稚的，缺乏正确的判断。结果，一向客客气气却从不温和的朝廷主流舆论对保守主义的态度变得冷酷而强硬。早先曾经示好的陈公辅(1076—1141 年)抓住机会，攻讦胡安国和程学鼓噪异论、企图以一派之说垄断儒经的解释权。胡安国被驱逐出朝廷。但是接下来，胡在退休之后关于《春秋》的著作为他赢得了迟到的朝廷认可。②

第四位宫廷知识分子顾问是尹焞(1071—1142 年)。他是二程的同乡，洛阳人，先前曾滞留在女真占领区，后来才逃到南方。胡安国的外甥范冲(1067—1141 年)极力推荐尹焞，说他的观点高明之至，还有不少高官对他褒扬有加。高宗却觉得他的讲授和

---

① HNYL，第 978—979、1399、1774、1960—1961 页；《皇宋中兴两朝圣政》，第 935、953、1133 页；SYHA，卷 9 之 14、卷 34 之 17。

② HTC，第 2675、2919—2920、2938、3128 页；《皇宋中兴两朝圣政》，第 511—512、815、875—881、893—894、1152、1341、1390 页；李心传：《道命录》，卷 3 之 8，SYHA，卷 34 之 116—121；SYHAPI，卷 34 之 32。

议论没有多少超过程氏兄弟的。和程颐在北宋朝廷中的表现一样，尹焞也喜欢批评皇帝的某些细枝末节的个人癖好。比如，他反对高宗读著名诗人黄庭坚（1045—1105年）的诗，说："读那家伙的诗，能起什么好作用？"①他发现自己和朝中的一切格格不入，便抱怨那些才疏学浅的官僚把自己的学问看作"不实用和无关痛痒的"。他坚信，道德哲学是保卫国家的必要基础，而皇帝的道德水平则是朝政的核心。在反对和议的奏章中，在给秦桧的私人信件中，他坚持原则，并甘愿为坚持原则而去职。后来，朱熹及其学派对尹焞称赞不已。受其影响，《宋元学案》最初的编纂者对尹焞也称誉倍至，但这部书后来的编者质疑这种评价，反问说：终尹焞一生之所学，对国事又有多少贡献？②

所有这些当过皇帝老师的道德保守主义者都处境不佳。原因之一，是他们没能在11世纪的大师们众所周知的学说之外开创任何新的理论境界。从某种意义上说，他们是双重的保守主义者：不仅在政治上保守，反对机构改革；而且在学术上也是保守的，把自己牢牢地禁锢在已有的思想框架之内，只是在前辈大师们画定的圈子里辛勤耕耘，从这个意义上说，他们已转向内在。

他们的著述数量不大。或许，在两个学术浪潮之间，他们只能是相对较为缺乏创造力的。特别是，他们还赶上了战争的灾难与混乱。政治环境对他们也不利，大多数积极进取的士大夫在政治上都是现实和精于算计的，对哲学根本就不感兴趣。

---

① 朱熹：《伊洛渊源录》，卷11之11；Fu："Huang Ting-chien's Calligraphy and His Scroll for Chang Ta-t'ung: A Masterpiece Written in Exile"（《黄庭坚的书法和他的〈与张大同书〉：流放中写就的杰作》）。

② HNYL，第2048、2703页；《皇宋中兴两朝圣政》，第1181、1213、1245、1291、1352—1353、1375、1382、1425—1426、1432、1499—1500、1516、1519—1521、1555页；PMHP，卷178之1、卷185之6、卷189之6—9、卷191之4。

皇帝想要有几个道德保守主义者立身朝廷，部分是为了满足自己的求知欲；部分是要摆出一种政治姿态，向官僚表明自己的政策取向跟此前的黑暗时代有所区别；部分是作为橱窗摆设来抬升自己在普天之下的公众形象。他从来都没打算向这群人征求政治建议。但是，这些看起来不合时宜的学者又着实在历史上留下了自己的烙印。他们坚持原则，以此支持那些现行政策的反对派，也为道德重建的前景存留下一份活的希望。在他们的激励下，新一代青年学者继续斗争，最终建立了新的道德先验论学派。

虽说保守主义知识分子无多建树，高宗还是接受了他们对元祐时期那充满怀旧色彩的崇敬。① 元祐是王安石变法之后保守派掌权的时期。北宋晚期，元祐时代的领导人被宣布为"元祐党人"，遭到迫害，刻有他们的名字的石碑散布各地。高宗下令为元祐党人恢复名誉，授予他们身后哀荣，以便"引起各地百姓耳目的注意"②。最初的荣誉名单不无遗漏，因为在北宋末年，那些满含诅咒的碑刻已大多被毁，碑文的写本也不复完全。但是，不久，人们就在一些偏远地区发现了碑文的拓片，于是朝廷再次颁布命令发布完整的表彰名单。党人的儿孙获得了直接授官的特权。苏轼、程颐和少数人被授予较高的追赠官爵，而司马光则获得最高荣誉，成为先帝哲宗庙中的配享大臣。③

高宗皇帝对近事的兴趣开启了官修正史的纷争之门，引起纷争的是那段变法体制如跷跷板般废置变换的历史。正史的第一稿是在保守派集团的领导下完成的，自然将变法派置于不利地

---

① HNYL，第 259、297—298、313 页；HTC，第 2645、2662—2666 页。
② HNYL，第 472、633、677—678、732、753、1509 页；HTC，第 2759、2900、2909 页；《皇宋中兴两朝圣政》，第 697、804—805、815 页。
③ HNYL，第 832、1712 页。

位。第二稿在变法体制恢复后完成,描绘出一幅相反的历史画卷。对保守主义先驱充满怀念之情的人们对它感到不满。范冲受命第三次修改这段历史。其父范祖禹(1041—1098 年)是司马光编撰《资治通鉴》的合作伙伴之一。① 范冲的第三稿出来之后,许多非保守主义官僚纷纷指出他出于私人报复心理造成的错误。错误如此之多,以致高宗不得不下诏命令范冲重考史实,以便改正那些有意或无意的错误。修订版本最终获得了朝廷的认可。②

在科举的考场中,保守主义者的声望开始逐渐上升。1132 年,张九成(皇帝认为他的古代史讲得比胡安国好)中进士第一名,由此声名远播,甚至传到了女真人治下的北中国。1135 年,张氏的一个学生又高中状元。③ 皇帝从科举考场上一次又一次的辉煌表现中看到,保守主义的学术确实值得表彰和提倡。他表示,希望举人们能将更多精力投入经学和元祐时代的著述,而不要太过关注诗赋。几年后,他特意重申这一期望,指出科举策论重在考察古今治国之术,并强调儒家的修身、齐家、治国、平天下之道。而这正是道德保守主义理论所鼓吹的。④

但是,许多保守主义者,特别是后来的朱熹学派并不满足于此。他们宣称自己的学术不仅是最好的,而且是正确的,是儒学的真正合法继承人。在当时的国际竞争格局中,"正统"是最合时宜的话题。金朝占领了中国的政治中心——中原,由此获得了政

---

① HNYL,第 1253—1254、1419、1547、1708—1709 页;王德毅:《宋史研究论集》,初集第 32—38 页,二集第 87—106 页。

② HNYL,第 1801、1804、1817、1862 页;何湘妃:《南宋高孝两朝王安石评价的变迁过程与分析》,第 161—180 页;HTC,第 3017—3018 页;《皇宋中兴两朝圣政》,第 1032、1038—1039、1045—1047、1121、1195—1196、1395 页。

③ HNYL,第 423—424、1510、1531、1551 页;SYHA,卷 32 之 11—12;SYHAPI,卷 32 之 94;王明清:《挥麈录》,第 329 条。

④ HNYL,第 1510、1832 页。

治合法性的现成招牌。为与之抗衡，宋朝必须努力证明自己才是意识形态的正统，有着最先进的文明以及无与伦比的文化。他们自以为这样便可补偿军事上的弱势，提高政治上的自信，并在对其他周边小国的交往中维持中央帝国的尊严。在这一点上，南宋儒家诸派和所有的士绅都毫无异议，他们所争论的是：是否所有儒家流派都可以同等地享有"正统"的桂冠？正统真是从远古传递下来的吗？

1136 年是中国思想史上一个意义重大的年份。儒家诸派就意识形态的正统及其传承线路问题进行了激烈辩争。挑起这场辩争的，是道德保守主义者朱震（1072—1138 年）。他来自长江中游（今天的湖北）。① 朱震主张正统是循着从一个大师到被选中的弟子（在罕见的情况下可能是一个被选中的群体）的路线线性传承的，就像是许多宗教中从先知到徒弟的衣钵传递，或者皇位的继承及家族中的长子继承。这种说法符合深植于社会习俗的继承观念。但是，许多其他学派的儒者根本就不理会这套线性传承说，古代典籍中也没有令人信服的证据来支持它。

然而，朱震并未就此打住。相反，他大胆推论，以为道或者说真理之路，是从远古的圣王传给孔子这位最伟大的圣人——"素王"，又从孔子传给其得意弟子曾参，曾参传孔子的孙子子思，子思传孟子。孟子之后，此线中绝近千年，既没有合法的继承人，也没有特别的传承活动。直到二程——北宋洛阳的程颢和程颐发现并重新接续起这条断线。从那以后，二程学派即成为唯一正统的卫道士。而后，正统转而向南传布。这种说法暗示正统的转移与朝廷的南迁并行不悖。其他几位保守主义学者作过大同小异

① SYHA，卷 37。

的论述。有人画图来表示像族谱一样的传承线路。还有人把文章写得一本正经，就像有孔子、孟子的权威似的。但朱震是第一个正式在朝廷上如此断言的人。[1]

此论一出，攻击随之而起。道德保守主义者所画的传承线路是如此狭隘，难免招来其他儒者的反击。发起反击的是陈公辅。其原委正是儒家学者间官场角斗方式的一个缩影，颇值得玩味。起初，陈公辅因在太学诸生中的影响而显名，范冲对他印象深刻，推荐他升迁到更高的位置。之后，他又因攻击王安石的理论在朝中声名鹊起。到这时候为止，他和大批道德保守主义者结成朋友，虽然他本人还不算是其中的一员。1136 年，他看到政治风标转向，决定疏远道德保守主义者。由于害怕背上支持太学诸生保守派运动的嫌疑，他决心摆明立场，转而反对保守派，于是便抛出了一封陈词激烈的奏章，攻击朱震的正统论是僭伪的自我标榜，以此来取悦上面的人。[2]

抛开陈公辅别有用心的动机不论，这篇奏章的第一部分听起来颇有道理。它指出，自从王安石迫使文人们就范于自己的理论之后，文人圈的思想和政治风气就开始每况愈下。倘若再把程颐的学说树为唯一正确的理论，只会重蹈覆辙，诱使许多投机分子为营一己之私投身程学，或是假装服膺程学来沽名钓誉。接下来，奏章的语气变得尖刻起来。果真如此，那些假冒伪劣的程学信徒便会打着程颐的旗号口发异论，身着宽袍大袖，脚迈方步，眼睛翻向天空，模样荒唐无比。陈公辅煞有介事地问道："假如程颐

---

[1] HNYL，第 1660 页；李心传：《道命录》，卷 3 之 3—4；SYHA，卷 32 之 10。

[2] HNYL，第 1747—1751 页；《皇宋中兴两朝圣政》，第 1319—1320、1326—1328、1331—1332；李心传：《道命录》，卷 3 之 8；SSCSPM，卷 80 之 212；Chang P'u 论；SYHA，卷 34 之 117。

活着，一个像他这样的人能够处理国家事务吗？"①

陈公辅接着论证，那所谓正统传承模式也是同样的荒唐。说程氏兄弟是正统的唯一传人，简直不可思议，证据何在？还有，此刻的正统又在哪里？最后，他作出结论说，那样的论断，"如果不是可笑的吹嘘，一定是疯狂的夸张"。其他人步其后尘，纷纷攻击道德保守主义者自说自话、自我膨胀，竟敢宣称自己是儒家正统的唯一代表。

将一厢情愿的单一正统论和所谓传承体系宣判无效之后，批评者们变本加厉，把攻击的矛头指向程学言论。陈公辅首先建议，无论朝廷还是科举都不应把像程学这样的特定学派的理论官方化，因为一旦如此，其理论便不可避免遭到曲解。其他人则走得更远，宣称程学教义夸夸其谈，缺乏实用价值，部分根植于佛教，思考的是形而上学的空，所有这些加起来便构成离经叛道的异端。② 其用意是毁灭性的：程学不仅算不上唯一正统，它本身反而恰恰就是异端。

道德保守主义者的确是自不量力。首先，他们低估了反对其标榜正统的潜在力量。他们本应意识到本学派虽然颇有声望，但还远远不足以在官僚和文人中赢得足够的支持。比如，就在1136 年的辩争开始前不久，传说朱震即将主持来年科举，立刻就有人反对，说他会偏袒追随程学的举人。结果，朱震就真的没有得到那项任命。其次，自视过高是许多道德保守主义者的通病。他们高自标置，惹恼了不少学者，却偏能自以为是，坚持以正统相标榜，把所有的批评、讽刺、挖苦都当作不敬，视而不见。③

---

① HNYL，第 1747—1748、1754、1759 页；李心传：《道命录》，卷 3 之 5—6。
② HNYL，第 1759、1785、1802、2712、2723、2766 页。
③ 李心传：《道命录》，卷 3 之 1—2、卷 3 之 12。

不错,道德保守主义者的领袖人物的个人德行确实无可指摘,但其追随者中有不少人的行为值得推敲。有人假称程学中人,领袖们也懒得去调查核实。有人伪造家庭背景,就像是南渡的北方移民常做的那样,把自己"过继"为元祐党人的后人,以便猎取朝廷特许的授官。还有些彻头彻尾的投机分子,一听说杨时和其他几位保守派学人获升朝位,立刻不请自来地自称门生,要求推荐。有些保守派的领袖,比如赵鼎(参见第六章)把这些人"宁可信其有"地照单全收,予以保荐任官。等到这帮只知营私的家伙负其众望,甚至投向政敌时,领袖们也只有自任其咎。①

1136 年的辩争无疑将保守主义者置于十分不利的处境。朱震等在朝知识分子没能成功地进行辩护。高宗皇帝似乎倾向于同情和支持程学的反对派。让保守主义者稍感庆幸的是,这时胡安国还没有被解职,尚能奋起捍卫保守主义者的立场。他说,不管怎样,二程之学源出孔孟之道,有什么理由横加摈弃? 用他的话来说,解释是深入儒经真义的门径,而禁绝程学就像登堂入室却不经由门户一样。再说,以孝、悌、忠、信的标准衡量,程颐的行为都超出凡俗,堪为表率。众所周知,他从不接受任何不符合其道德标准、不正的东西,这样一位哲学家值得人们尊崇。不可否认,如今的许多程学信徒确实德行有亏。他们的自负已经遭到陈公辅之流的讥讽。但是,问题出在信徒身上——跟程颐本人又有什么关系?②

高宗是个善于玩弄权术的皇帝。胡安国的辩护发表之后,他决定不动声色地压制程学。出于常识性的政治考量,他不希望眼

---

① HNYL,第 200、1137、1477、1598 页;李心传:《道命录》,卷 3 之 9—10、卷 3 之 14—15;邵博:《邵氏闻见后录》,第 75 页;SYHA,卷 34 之 34、卷 48 之 3—6。
② HNYL,第 1754—1756 页;《皇宋中兴两朝圣政》,第 1328—1329 页。

睁睁看着自己的朝廷分裂成互相对立的派系。相反，为了尽可能地笼络士大夫，他更愿意以后汉中兴之主光武帝（公元 25—57 年在位）为榜样，采取"柔"道。① 起先，他曾经宣布程学和王安石的学术各有可取之处。辩争发生之后，他的天平开始微妙地向多数派官僚倾斜，悄悄地冷落道德保守派。他没有明确宣布这种变化，而是采取委婉的说法，签署诏令表示"专门""私学"应当受到"限制"，后来又多次加以重申。② 诏书中无一字涉及禁绝"专门""私学"，无一句申斥"专门""私学"的学者；只是说，学者们应当身体力行儒家美德，进行自我约束。但是，谁都明白"专门""私学"究竟指什么。在此后的几十年中，程学的流行程度明显下降。

这场辩争之外，高层的权力斗争也对道德保守主义的失势起了一定作用。程学的最大保护人赵鼎失去了首相之位，③取而代之的秦桧很快成为皇帝的代理人。他在很大程度上保留了恢复改革时期的风格。他是一个狡诈的阴谋家，极少清楚地表达自己的意见，但人人都知道他不喜欢保守主义或者说程学理论（参见第五章）。1144 年，有奏章建议科举考试禁绝"专门"之学和"曲学"——这是一个比"私学"更具贬损性的用词，皇帝表示首肯。尽管攻击还是遮遮掩掩，但已经比"限制"更甚一步。在太学中，同样的歧视开始流行。④ 几年之后，秦桧的孙子在科举试卷中公开攻击程学。他写道："那些口口声声要正心的人自己都还没有

---

① 刘子健：《包容政治的特点》。关于这项"软"办法，还可参看"Kao Tsung's handling of bureaucrats"（"高宗的官僚对策"）词条，*Encyclopedia Britannica*（《不列颠百科全书》），第 15 版，*Macrophaedia*，第 4 册，第 337 页。

② HNYL，第 2431—2432、2469、2704、2750、2847 页。

③ 李心传：《道命录》序。

④ HNYL，第 2427、2431—2436、2447、2453、2456 页；李心传：《道命录》，卷 4 之 3—5。

正心,那些口口声声要诚意的人自己都还没有做到。"①言外之意是指责道德保守主义者是伪君子。从 1144 年到 1155 年秦桧之死为止,朝堂上失去了道德保守主义者活跃的身影。但是,正式的禁绝直到高宗统治结束之后很久才出现。高宗深谙统治之术,总是避免极端,在各种政治因素中保持平衡。

秦桧的死既没有撕去蒙在歧视上的面纱,也没有带来程学声望的回升。无论秦桧在还是不在,高宗在他统治的剩余岁月中保持着几乎同样的政策。② 学术空气里透着死气沉沉的衙门气息,毫无理想可言。就像一篇文章里所说的,在整个国家"精英们饱受派性的折磨。作为学者,他们随着某个学派一时的升降沉浮而左右摇摆;作为官员,他们为官场的道德水准而忧心忡忡"③。

但是,在朝廷以外,道德保守主义却在顽强地生长蔓延。程学的新传人出现,这便是若干世纪之后西方研究者所说的"新儒家"。其支持者通过著书立说,出版本学派的著作,特别是开学授徒,成功地扩大了新儒学的影响。当各地的地方官学纷纷陷于颓败凋敝,新儒家却在他们的所居之地开创、促进和扩大了民间的书院。几十年中,他们与政治风暴、压制甚至官方的迫害进行了不屈不挠的斗争。烦躁和苦闷未能阻止他们取得辉煌的最终胜利:国家终于赋予他们的儒学以正统的光荣。

在中国,这一正统在宋朝灭亡之后继续存在,直到 19 世纪 *80* 末,其影响远播朝鲜、日本和越南。新儒家塑造了整个东亚的思想和价值观。

---

① HNYL,第 2712 页。

② HNYL,第 3162 页;李心传:《道命录》,卷 4 之 3—5;刘子健:《略论宋代地方官学与私学的消长》。

③ HNYL,第 2056、2252 页;PMHP,卷 193 之 8。

第五章　专制政体与宰相们

81　　中国知识分子对政治的兴趣是恒久的,其心态和行为则取决于现实政治生态,特别是权力的运作状态——皇帝一人大权独运,权相代行皇权,还是通常情况下的几个宰相分享决策权。从北宋末到南宋,原本分享的权力逐渐被皇帝和权相集中起来,官僚参议朝政的空间近乎无,沮丧越来越普遍地成为士大夫的典型心态。偶尔,他们也会为了让自己的声音上达天听抗争一回,但其努力鲜能奏效。接下来就只有两种选择:要么继续留在政府中做事,要么走人。退闲的道德保守主义者努力探索,通过各种社会渠道,特别是讲学传布自己的观点、理论和学术,力图建立声望,扩大影响,将希望寄托于来者。

　　1100 年左右,倒数第二任皇帝徽宗(1101—1125 年)开始滥用皇权,最终导致了北宋的悲剧性灭亡。徽宗堪称中国历史上最有天分、技巧最娴熟的艺术家,但其政治统治则是灾难性的。他的放荡无道闻名于世:抬升道教的地位,荒唐地自奉为"道君皇帝";紧挨着皇宫修建奢华的皇家园林,为此远从长江三角洲搜寻奇花异石;秘密地拜访勾栏瓦肆,搞得满城风雨。①

---

① 李唐:《宋徽宗》;SSCSPM,卷 48—51;蔡絛:《铁围山丛谈》;王明清:《挥麈录》,第101、117、143、380、388 条。译者注:原文失落尾注上标,根据内容置于此。

徽宗把江山社稷丢给了代理人,而走马灯似的代理人无一称 *82*
职。他们名义上恢复了1069—1085年的改革体制,却失去了改
革的本来精神,只剩下改革的缺点和腐败搅和在一起。政治报复
在升级,在拿不出任何过硬理由的情形下,朝廷把保守的反对派
贬谪到边远地区。正是在此期,政府给反对派贴上了"元祐
(1085—1093年)党人"的标签,将他们的名字刻石,竖立在各个
地方政府的衙门附近,在迫害之外更添侮辱。迫害甚至延伸到未
来,党人的子嗣也将永远地被摈斥在仕途之外。明目张胆地清洗
异己侵犯了儒家原则,引起文人阶层的恐慌与震惊。

更为令人震惊的是来自女真人的入侵,它压缩了帝国的生存
空间。传统的南宋史写作通常不惜笔墨描述宋金和战、国家秩序
在哗变与暴乱中重建的斗争历程以及大将的拥兵自重。晚近的
经济史研究者则更关注城市、交通、农业和财政在战争创伤、北方
领土被占的情形下仍然持续不断的发展(甚至对北方的贸易也没
有中断)。但是,人们忽略了一个重要领域——12世纪前、中期
在政治上的决定性变化,这种变化的影响甚至覆盖了此后的中
国。下文试图考察变化的核心——专制权力的扩张,考察的重点
是敏感的君相关系。

在宋代中国,皇帝掌控着规模庞大的集权制政府机构,但他
通常会克制自己,避免滥用权力。官僚机构分为行政、军事和财
政三大分支,每一分支在本辖范围内拥有或者说假定拥有彼此独
立、互不侵越的权力。政府通过士大夫行使行政、立法和司法权。*83*
士大夫的责任是自主行使权力,遵循道德原则,实行明智而灵活
的统治。虽然他们通常自认为儒家士绅,但其权力的部分来源则
是中国古代的法家学说。宋代是现代集权国家的先进,但远未发
展到包揽一切的极端集权主义的程度。

宋代存在一个特殊的官员群体，它包括以谏官、御史为职的言论官（言官）和宫廷学士。从理论上，这个群体的作用是制止由于权力高度集中而造成的官僚甚至皇帝的滥用权力。言官只有少量或根本没有行政职责，其主要职掌就是对其他行政官员的职责加以监督检查，提出批评，在某些情况下还要进行弹劾。最理想的情形，当然是言官和行政官员互相交流讨论，达成共识。相反，当彼此出现矛盾冲突、导致派性出现，随之而来的则是辞职和勒退、政策的急转直下、行政效率和官僚精神状态的普遍下滑。

皇帝上承天命，天命赋予其统治以合法性，因此，西方人常称之为专制君主。但是，事实上皇帝通常是通过政府的宰相群或是一个宰相来行使其权力的。这里所说的"宰相"取其最普遍的含义，指在朝中行使行政首脑之职的大臣，通常拥有诸如此类官衔：仆射（古代正宰相的正式官衔）、丞相（同一官职的非正式称呼，常指首相）；同中书门下平章事（字面意思是中书门下国家事务商讨会的参与者；标准译法当为宰相办公会第一等成员）；参知政事（字面意思是参与政治事务，标准译法是宰相办公会第二等成员或副宰相）；枢密使（军事主管大臣）；同知枢密院事（军事副主管）。宋代通常设有两员各有分工的正宰相。当皇帝需要一相独员时，便会设置一位副宰相协助其工作，一名正宰相大权独揽的情形极为罕见。此时，其他名义上的行政首脑便被压缩成了只有单纯行政功能的角色，而宰相也便成了所谓权相（sole surrogate）。

84　　君相关系实际上决定着朝政的运作方式，仔细研究这一关系将有助于深入理解朝廷政治。古代史家记载君相活动向来不惜篇幅，留下了丰富史料。《建炎以来系年要录》正是如此，又兼前人很少加以利用，因此弥足珍贵。本章的基本内容大部分来自对该书三千余页的仔细搜寻。同样有价值的是《续资治通鉴》,这部内容清晰的史书反映了18世纪杰出学者们的研究成果,而当时正是中国传统史学的成熟期。当然,没有一部主干史料是将皇帝、宰相大臣和知识分子的互动关系紧密联系在一起的,因此,我们的首要任务就是将这三者构筑到一个理论框架中去。

为此,有几个令人疑惑的问题是必须回答的。第一,关于宰相:高宗是怎样选任又罢免他们的?从荣登大宝到1139年与女真人达成短暂和议,高宗频繁更换宰相。之后,秦桧独揽相权,从1139年到1155年死亡为止,其他宰相只有唯唯听命。秦桧死后,走马灯般的换相又开始了,直到1162年高宗终于结束其漫长统治为止。战争抑或和平似乎并非其中的决定因素。那么,究竟是什么造成了这种变换?

第二,关于军事权力:自复国开始,高宗就只有几千人的部队,从未拥有过属于自己的强大武力。再说,那些分处各地、掌握着自行招募的大军的将领更愿意按自己的意愿行事,而不是听从朝廷调遣。在这种形势下,高宗是怎样成功地剥夺大将的兵权、在南宋全国范围内巩固自己的专制权力的呢?宰相们又是怎样助成此事的?

第三,关于1139年和议条件的争论:除北方领土的丧失和每年贡献的钱、绢以外,最令道德保守主义者感到无法接受的是地位问题。放下皇帝的头衔,屈从敌人的要求,向女真人自称是大金上国的臣下——为什么高宗会表现得毫不在乎?

第四,关于皇帝的专制权力和权相权力的关系:人们通常认 85
为,当后者通过委任或篡夺攫取权力,前者的权力便会被冻结。这个错误认识的基础是一个不言而喻的虚假前提:朝廷权力是一个定量,当权相所持的份额增加,按照减法,皇帝个人所拥有的专制权力份额必然减少。本文意图建立新的假设：皇帝加上宰相所得的朝廷权力总量和政府所拥有的国家权力总量皆为变量。国家权力通常会随组织、集权以及社会控制力度的加强而增加。在朝廷上，宋朝政府首脑——皇帝或是权相的个人权力可以通过两种方式获得增长：它可以通过牺牲宰相们所拥有的权力获得增长，也就是说，将现有权力集中于实际统治者手中；还可以通过拓展国家权力获得增长。这两个过程互相促进。通过赋予权相以多于一般宰相的权力，通过将自身权力授予权相，皇帝制造了一个强大到足以在国家机器中行使高度组织化、集权化权力的个体，这就意味着国家权力总量的巨大增长。当权相死亡或去职后，国家权力总量的这一增长仍然保留。此外，如果皇帝将权相的所有权力转给自己，他自己的权力或者说朝廷权力总量也可得到相应的增长。那么，这一假设中所勾画的模式是否适用于南宋？

第五，关于以道德保守主义者为主体的知识分子：在针对武将的打压和迫害中，在战与和的争论中，在朝廷行使其权力的方式中，他们究竟充当了什么样的角色？又受到了何种影响？

86　　　为省去冗长而枝节丛生的政治史叙述，表2提供了一个下文进行分析讨论所必需的关键史实缩要。

表2　南宋历史大事编年（1127—1139年）

年份	关键事件	宰相
1127	女真人扶立第一个傀儡政权，该政权存在33天 高宗即位，从归德府撤往长江流域的扬州	李纲、黄潜善
1128	朝廷在扬州	黄潜善、汪伯彦

续表

年份	关键事件	宰相
1129	朝廷逃往杭州 杭州发生兵变,高宗被迫短暂退位	朱胜非、吕颐浩、杜充 吕颐浩、杜充、范宗尹
1130	女真侵入长江南岸 高宗沿海岸线逃亡	
1131	女真在中国北方扶立以刘豫为首的第二个傀儡政权 高宗返回杭州附近的绍兴	范宗尹、吕颐浩、秦桧
1132		吕颐浩、秦桧、朱胜非
1133	杭州更名临安	吕颐浩、朱胜非
1134	高宗首次亲征到长江岸边,旋即返回临安	朱胜非、赵鼎
1135		赵鼎、张浚
1136	高宗第二次亲至长江岸边	
1137	一支军队惨败 高宗返回临安 女真废黜刘豫的傀儡政权	(张浚被罢免) 赵鼎、秦桧
1138	女真遣使至临安议和	(赵鼎被罢免)
1139	第一次和议,宣布大赦	秦桧(独相)

关于宰相的资料来源:SS,卷213,第5543—5554页。

走马灯般的宰相(1127—1134年)

　　表2的信息简化了我们的分析,它展示了高宗在位的头十年 ⁸⁷ 中频繁变换宰相的总体趋势。年轻的保守主义者张九成曾直截了当地批评高宗频繁易相,又无明确政策让宰相去执行,造成了政局的不稳定。他说,人们都知道帝国的兴衰在很大程度上取决

于皇帝的行为，却不常意识到宰相在其中的重要作用；然而，宰相的成败又取决于皇帝允许他们、指派他们做什么。高宗统治初期，多数宰相在位大约一年。正如批评者所指出的，这种不稳定败坏了士风。在明知上司过不了多久就要换人的情况下，没有多少官员还会恪尽职守。① 更糟糕的是，尽管还没出现实际上的朋党，但宰相的更替无疑已将官僚集团分成了互相对立的群体。一些宰相尽量从自己的小圈子以外选任某些关键官职，力求做到不偏不倚，但这种努力太过微小，根本不足以抑制分帮结派。②

　　高宗不承认他早期所犯下的让宰相们不安于位的错误。相反，他声称自己总是严肃认真地考虑宰相的人选和任期，说除非万不得已，他从未罢免任何宰相。③ 他说："官员数以百计，朕深居宫中，又怎么可能知道哪一个干得好、哪一个不好呢？唯一近便的办法就是观察宰相的作为。"④这番话暴露了皇帝及其左右手之间的紧张关系。高宗的观察怕是太急功"近"利也太迫切了。实际上，他对宰相的态度总是挑剔、不耐烦，动辄不满意。当一个宰相濒临罢免之际时，这种紧张关系便达到了极点。高宗又说："君主所握权力的实质决定了他不得不乾纲独断。"⑤诚如其言，在行政首脑的任免问题上，君主政体存在一个严重缺陷，即它没有给皇帝提供任何可供商讨顾问的人选。但是显然，高宗还是从早年的错误当中吸取了教训：在以后的日子里，他会首先确定政策取向，然后再选择合适的宰相来将它付诸实施。

88

---

① HNYL，第 43、1399、1485、1979 页；PMHP，卷 216 之 6；SS，卷 360，史论；SYHA，卷 40 之 97—98。
② HNYL，第 635、1554、2172 页。
③ HNYL，第 492、1531、1947 页。
④ HNYL，第 1685 页。
⑤ HNYL，第 2279 页。

高宗表白说自己很愿意下放权力,这在很大程度上是一句真话。第一,他支持宰相的行动,表现出极大信任。[1]　第二,他将前任宰相从朝廷中支走,好让他们无法留下任何阴影或实施任何残留影响,以免干扰继任者。这同北宋的做法迥然不同。在北宋,前任宰相通常会以预备在必要时提供顾问之便的名义留在朝中,任以他职。但在南宋,朝廷甚至不允许他们在首都附近居住。[2]第三,新宰相被赋予了人事变动权,这样,他们就可以选择自己乐与共事者担任关键职位。[3]　这类人事变动,虽然被批评者指斥为官僚集团分帮结派的原因,但是,根据公认的儒家观念,宰相的重要职责就是"进人才,去不肖",它又是公平合理的。[4]

高宗手下的宰相确实拥有相当大的权力,与之相呼应的是王安石变法之后相权的扩张趋势。其背景,则先有司马光在反变法活动中的强力领导,后有北宋倒数第二任皇帝的沉湎享乐。但是,在北宋,宰相的权力通常仍限定在民事行政范围内,拓展也只能拓展到对财政事务的监督领域,[5]而从未介入到军事领域——枢密使相对独立的权力范围。[6]　到了南宋,当整个国家在为生死存亡而奋争之际,最高行政长官则不得不在必要时插手财政和军事方面的紧急事务。[7]　当民事、财政和军事权力集中到宰相手

---

[1] HNYL,第 375、1591 页。

[2] HNYL,第 1374、1928—1983 页。

[3] 1131—1132 年的先例,见 HNYL,第 989—993、996—999 页。

[4] HNYL,第 1315、1413 页。

[5] 周道济:《宋代宰相名称与其实权之研究》;《皇宋中兴两朝圣政》,第 602 页;HNYL,第 1728 页;HTC,第 2760 页。

[6] 金中枢:《宋代三省长官置废之研究》;衣川强:《宋代宰相考》;Kracke:*Civil Service in Early Sung China*(《宋初文官制度》),第 38—39 页。

[7] 迟景德:《宋代宰枢分立制度之演变》;HNYL,第 658、1418 页;HTC,第 3470 页;王明清:《挥麈录》,第 125 条。

中,这个职位就成了前所未有的权力渊薮。它预示着一个大权在握,掌控一切,一人之下、万人之上的权相的出现。当然,到 1139 年为止,这个权相还没有露面。管理国政的通常是两员宰相,一员负责民事行政,一员负责军事事务,并各自分掌与之相关的财政权。[①]

89   南宋初期,根本谈不上有什么正规军队,抵抗女真人的重担在很大程度上要依靠那些靠扩张私人军队并吸收流寇渐成规模的将军们。[②] 这些人已经习惯在势力范围内自作主张,不喜欢中央来指手画脚。[③] 从 1131 年开始,高宗意图明确,要想办法削弱将军们的地方性权力。他明诏赋予后来的宰相吕颐浩以便宜行事的权力,试图通过干预大将军中的人事、财政,使军队遵从朝廷政令,重申朝廷对地方的控制。[④] 虽然吕颐浩未能真正完成使命,但是,朝廷确实借此对某些地方实施了某种程度的控制。[⑤] 这件事生动地展示了皇帝是如何借由在集权的名义下赋予宰相更多的权力来增加朝廷权力的。换句话说,专制君主的权力和它所授出的权力互相哺育,共同壮大。

1139 年之前宰相在位时间短暂的原因多种多样,绝非一个简单答案可以了得。其根源当然是南宋颓败的军事形势,那样的局面,即使是头脑最清醒、意志最坚定、最能干的领导人也难以应付得更好。面对由于非女真成分加入而不断壮大的女真军队的威胁,再加上傀儡皇帝刘豫所征召的汉人军队的为虎作伥,南宋

---

① HNYL,第 951、1397 页。
② 徐秉愉:《宋高宗之对金政策》。
③ HNYL,第 989—999 页。
④ HNYL,第 907 页。
⑤ HNYL,第 1109 页。

帝国的前途看起来真有些吉凶难料。正如当时的一位论者所言
"战必败……和必无成"①。处于如此的两难之境,朝廷既没有稳
定的政策,官员们也达不成任何共识。② 通常,一次军事上的失
败便会导致一位宰相的得咎和被迫下野。继任者既缺乏经验,大
多会试着采用不同的政策,开始另一条不稳定的路线,最终还是
无法改善军事状况。在这种形势下,一位宰相就认识到他"不敢
奢望久居相位"③。在某种意义上,南宋初期大多数被罢免的宰
相,都是皇帝为了维护自己永远正确、无可指摘的君主形象所选
择的替罪羊。

军事形势之外,个人因素也掺杂其中。1129 年,杭州发生兵 *90*
变,高宗被迫短暂退位。极有手腕的宰相朱胜非采取拖延策略,
阻止兵变头目做出过激举动,直到忠诚的军队前来解围并扶助高
宗复位。④ 尽管这位宰相在危机时刻的斡旋活动确实值得信赖,
但他目睹了皇帝不尴不尬的遭遇。⑤ 专制君主不能让自己的形
象遭到窘困,让宰相继续留任势必造成别扭。再举一例,年轻而
又过分热情的宰相范宗尹(1096—1136 年)坚持要剔除那些高宗
为了施惠而不合理任命的官员,结果也不得不去职。⑥ 吕颐浩
(1071—1139 年)的情形与之相似。他干得不错,没犯什么大错。
但是,当他引起了部分官员的不满、怨声四起时,高宗觉得最好还
是体面而不带责罚地请他下台,另找个能让官僚们安静下来的人

---

① HNYL,第 1980 页。

② HNYL,第 1399、1413、2173 页。

③ HNYL,第 1411 页;寺地遵:《对秦桧之后政治进程的若干考察》。

④ 贾大泉:《论北宋的兵变》;HTC,第 2728—2752 页;《皇宋中兴两朝圣政》,第 559—
　　588 页;王明清:《挥麈录》,第 268 条。

⑤ HNYL,第 507 页;HTC,第 2757—2758 页;《皇宋中兴两朝圣政》,第 598、622—
　　623 页。

⑥ HNYL,第 827—828 页。

替他。①

根本的军事原因和个人因素之外，又有官僚政治的长期不稳定。1134年，高宗困惑不解而直截了当地向张浚（1097—1164年）发问："我和宰相讨论问题，只要稍微有点儿不同意见，他们就会那么轻易地要求辞职。为什么？"张浚回答说："只要陛下您把跟宰相之间的不同意见透露出来一点点，论者就会嗅到您究竟赞同哪一边，写文章来支持它，并攻击那些意见不同的宰相。在众人的攻击之下，宰相没有其他选择，只有请求辞职。"②换句话说，除非有皇帝持续的支持作为其权力后盾，宰相不可避免地要成为官僚政治中妒忌和倾轧的目标。但是，在皇帝自己都还没有获得足以使他感到安全的专制权力之前，为了取得持不同意见者的支持，在朝廷内部维持平衡，他总是会倾向于迁就满腹牢骚、批评朝政的官员，至少也要听听他们的意见。再说，一个在官僚政治中不能有效应付批评的宰相，对皇帝来说也只会是政治上的包袱，而非财富。③

北宋之所以能成为中国历史上官僚制国家的最高峰，不仅是因为它发展出了一套堪称典范的文官制度，还因为它优待官僚的政策。它从未处死任何高级官员，政府甚至连一个犯有严重罪行的低级官员也不愿处死。除了个别例外，南宋基本遵循这一传统。④ 但是，在其他方面，君主政体不如从前考虑周全，被罢免的宰相没有得到应有的尊敬。如前所述，他们既不能留在朝中，也

91

---

① HNYL，第 634、1146—1147 页；PMHP，卷 137 之 11—12。

② HNYL，第 1353 页。

③ HNYL，第 1591、1718 页。

④ HNYL，第 664、890、2821、3288 页；王明清：《挥麈录》，第 128、356 条。

不能住在首都附近。①　其中的一些人被任命为知州或知府,但任期都不能长久。当批评的声音持续下去时,朝廷就会把他们从地方官的职位上罢免,②投闲置散,给一个荣誉官阶和"宫观官"的闲差——这意味着一笔高级官员应得的年金,仅此而已。③

如果政局吃紧,被罢免的高级官员的命运可能会比投闲置散更糟糕。几位最终得罪了高宗的杰出宰相被放逐安置到边远地区。在极端的情况下,他们会遭到流放。流放比放逐更严厉,流放者要受到当地地方政府的监视,作为额外的惩罚。对官员最严厉的惩罚是永久性流放到边远地区,受到严格监视,并宣告该判决不因此后的大赦而稍减。④

当然,流放和摒弃不一定是永久不变的。惩罚可能因朝廷后来颁布的一道允许有罪官员迁移到稍近地方的命令而减轻。又一道命令则可能允许他自由选择居住地,只要不是首都附近,尽管还不允许他重新做官。⑤　真正的解禁当然是朝廷施恩,给该官员一个新的任命——通常是地方上的知州,罕有朝中职位。⑥　尽管如此,未完再续的官僚生涯一般也不会长久。⑦　只有一个特别的例外,张浚确实是作为一个曾经被清洗出去的高官重出江湖,又做了宰相,这当然是因为高宗想起了他的军事才能,认为他又有了用处。⑧

---

① HNYL,第 1374、1982 页。

② HNYL,第 365、375、404、407、439、481 页。

③ HNYL,第 1153 页;梁天锡:《宋代之祠禄制度》;王明清:《挥麈录》,第 25 条。

④ HNYL,第 363、401 页。

⑤ HNYL,第 570 页。

⑥ HNYL,第 836—837、895、903、1397 页。

⑦ HNYL,第 1047、1052 页。

⑧ HNYL,第 951、1325、1397 页。

宰相团队（1135—1136 年及以后）

宋人认为，朝廷的理想状态，是宰相们能"同心同德"地像一个团队一样协作。[①] 人们相信，这样一种理想状态的领导对其他大臣具有示范作用。虽然这样一个崇高的目标似乎有些可望而不可即，但赵鼎和张浚确实在若干年中曾经企及它。两人都是正直勤奋的官员，都致力于通过有效的军事力量和廉洁的行政实现帝国复兴的大业。他们对朝廷的耿耿忠心可圈可点，在士大夫群中的崇高声望和巨大影响甚至不因岁月的流逝而稍减。张浚虽然是个文官，但人们最为称道的是他的军事谋略和指挥才能。1131 年，他以四川为基地从西北侧翼的陕西对金发动反攻战役，不幸遭遇惨败。此后，他暂时赋闲，但为时不长。

1135 年，赵鼎和张浚被任命为宰相。他们的任命标志着朝廷组织坚强防御和准备反击的决心。[②] 二人合作融洽，保持了崇高的道德水准，让人不禁要联想到元祐保守派掌权的时期。[③] 两人之间有着运行高效的分工：张浚负责军事事务，赵鼎负责普通行政。[④]

形势迅速好转。女真人的第二次南侵，纠集了傀儡政权刘豫的军队，最初看上去来势汹汹，但在宋朝组织有效的防御面前，变得远不如第一次凶猛有力。女真人将这归咎为刘豫后勤供应不

---

① HNYL，第 1709 页；HTC，第 2929 页；PMHP，卷 166 之 14—15。

② HNYL，第 1397 页；HTC，第 3053 页；《皇宋中兴两朝圣政》，第 1111—1113 页。

③ HNYL，第 1717、1721—1727 页。

④ HNYL，第 931、936、1397 页。

力,开始考虑废黜这个傀儡政权,但在当时,南宋还无缘得知其事。① 为了鼓舞士气,高宗宣布亲征,带领军队从行在临安到达长江岸边的南京。在那儿,他欣喜地收到了藕塘前线战胜的捷报,藕塘位于南京以北大约 100 英里。这不啻是南宋所取得的第一次巨大胜利。② 但是,高宗说,更让他高兴的,却是大将能严格遵行朝廷的命令。③ 在他看来,对军队的控制才是最重要的,因为它关系到朝廷的安危。

具有讽刺意味的是,胜利却在两位宰相之间造成了无法弥合的裂痕。赵鼎一如既往地保持谨慎,而张浚却是大胆的。在胜利之前,赵鼎就建议放弃淮河流域,退守长江防线,以确保防御尽可能坚强稳固。胜利证明张浚迎击敌人的策略是正确的。胜利之后,赵鼎仍然坚信加强江防才是明智之举。但是,被自信激励着的张浚认为宋朝军队北上反攻的时候到了。考虑到这一分歧和其他一些无法言明的歧见,赵鼎觉得自己应当体面地辞职,既不再挡老朋友、老同事张浚的道儿,也不要将两人的分歧公之于众。他有着一个真正政治家的胸怀,认为张浚是不可替代的,而自己则不然,另外找个人来管理行政事务并非难事。他建议皇帝让张浚按照自己的想法乘胜加强军备,那将是一桩非常重要的任务。高宗极不情愿地同意了赵鼎的去职,任命他到离首都很近的绍兴去任知府,却极不寻常地要他随时准备奉召还朝理政。④

93

---

① HNYL,第 1730 页。

② HNYL,第 1721—1722 页;山内正博:《张浚的富平出兵策》和《张浚和吴玠与南宋的四川》。

③ HNYL,第 1731 页。

④ HNYL,第 1727、1737、1739—1740 页;HTC,第 3080—3086、3091、3097—3099、3110—3112 页;《皇宋中兴两朝圣政》,第 1173、1269、1304—1305 页;PMHP,卷170 之 6—7。

令人崇敬的宰相团队就这样破裂了，原因不仅仅是战略分歧，还有一些未曾公之于众却意味深长、后果严重的因素。其一是官僚政治。赵鼎说他和张浚曾经像兄弟一样和睦共事。不幸的是，却有那么一些不太高尚的官员，发现了二人在战略上的分歧，往来挑拨，造成了更大的裂痕。事实证明，即使是像张浚和赵鼎这样互相尊敬的老朋友，也经不起长年累月的挑拨离间。① 另一个原因则是赵鼎不愿公开揭橥的，那就是两人在儒家理论取向上的分歧。赵鼎是一位道德保守主义者，他选择追随者的标准是共同的伦理取向和道义原则。张浚却不是一位严格意义上的知识分子，他更看重目的而非德行，他网罗追随者的标准是才能。赵鼎推进了程学学派。张浚虽然和任何学派都没有特别关系，却与一批从北宋末年以来就倾向于恢复变法体制和王（安石）学理论的官僚交往密切。这一点扩大了两位政治家之间的裂痕。当赵鼎推荐一位保守派学者对历史记录进行新一轮修改时，张浚表示反对。张浚也不赞成保守派所宣称的以程学为归依的儒家正统传承路线。事实上，正是在赵鼎辞去相位之后，陈公辅才对保守主义者所宣称的传承线路开了火，而他的做法却得到了张浚的默许。②

94　　　事情还没完。那时，秦桧（1090—1155 年）在朝廷官员中享有不偏不倚的好名声。因此，张浚请求让秦桧接任赵鼎。③ 表面上，一个新的团队形成了，但是，这两个人关系从来都不曾紧密。由于希望军队尽快投入反攻，张浚撤掉了一位不称职的老将，代之以一位文官。但是，这位文官的不通武事却导致了军队的大规

① HNYL，第 1727 页；PMHP，卷 193 之 7；SYHAPI，卷 96 之 60。
② HNYL，第 2056 页；李心传：《道命录》，卷 3 之 14—17。
③ HNYL，第 1759—1761、1911 页。

模叛逃。军队中有三四万人投向刘豫,长江防线上出现了一个大裂口。① 惊吓之余,朝廷匆匆忙忙回迁到首都临安,而这一步是赵鼎早就建议过的。② 弹劾张浚的章奏不计其数,皇帝龙颜大怒,指责他为备战耗尽财力、人力,荒废了两年光阴。结果,张浚又一次遭到放逐。这一去就是 15 年,直到女真人再度入侵。③

张浚发现秦桧为人狡诈,鬼鬼祟祟,因此,罢职时反对让秦桧接替自己。高宗决定召回赵鼎。赵鼎请求复相张浚,即使不可能,也要把张浚任以他职,留在朝堂上。④ 他希望至少部分地恢复他们的团队。但是,高宗拒绝了这个请求,反驳说张浚已经给国家造成巨大危害。后来,又有人提到张浚,皇帝仍然难掩憎恶之情,情绪极端地夸大其辞说:"我们宁可忍受亡国之痛,也不要再任用那家伙。"⑤有人怀疑其中也许还有其他什么原因。比如,皇帝也许担心张浚的复职会引起更多的叛逃,激怒将领,或者再出现一次冒险行为,以上任何一条都可能威胁国家安全。总而言之,赵鼎的反复请求只是改善了张浚被贬的条件。⑥

既然无法让张浚复职,赵鼎只好要求让秦桧留任,做自己最亲密的同事。秦桧无比感激,但仅在彼时而已。⑦ 没有一个真正

---

① 贾大泉:《论北宋的兵变》;HNYL,第 1822—1825 页;HTC,第 3130、3135—3136、3142—3144 页;《皇宋中兴两朝圣政》,第 1354—1356、1372—1374 页;PMHP,卷 178 之 2—4。

② HNYL,第 1873 页;《皇宋中兴两朝圣政》,第 1296—1297、1305 页;PMHP,卷 183 之 1—2。

③ HNYL,第 1834、1840、1858 页;SSCSPM,第 809—818 页;SYHAPI,卷 44 之 15。

④ HNYL,第 1860、1867 页;HTC,第 3144、3152、3170 页;PMHP,卷 178 之 9。

⑤ HNYL,第 1857—1859 页;HTC,第 3478 页;PMHP,卷 200 之 11;王明清:《挥麈录》,第284 条。

⑥ HNYL,第 1867 页;HTC,第 3147 页。

⑦ HNYL,第 2762 页。

的团队，赵鼎也很难有所作为。① 他没有提出任何计划，也没有对即将发生的重大转折——和议做好准备。

95 在北方，女真人废黜了刘豫的傀儡政权，答应议和，将河南地区归还给宋朝，送还高宗之父——徽宗皇帝的棺材，释放他的母亲。（至于钦宗，他们继续扣留，一方面作为宋朝屈辱的象征；另一方面，如有必要，可以扶作傀儡皇帝，来动摇高宗统治的合法性。）作为这些让步的交换条件，女真人要求宋朝贡献一大笔岁币，并承认自己是大金上国的附庸。宋朝能接受这些条件吗？

高宗乐于接受，认为这些条件，包括河南的恢复，实在比预期的要优厚。他询问赵鼎的意见，赵鼎迟疑着，未作明确答复。作为一个道德保守主义者，他原则上反对议和，特别是在做女真附庸这样屈辱的条件下。但是，出于对皇帝的忠诚，他又不便直截了当地拂逆圣意。也许是为了拖延，他提议说既然是战与和的问题，那就应当咨询大将们的意见，②他知道有些大将反对和议。这却是个致命的错误。此前的大规模叛逃事件加剧了高宗对武将的不满和猜疑。但他并不明言，而是拐弯抹角地向赵鼎抱怨武将不应再干预辖区地方政府官员的任命。而匡正此类不正常情况正是赵鼎的责任，因此这也暗示着对赵鼎本人的批评。高宗还用了一个中国古文和英文都常用的比喻说："诸将和他们的军队……尾大不掉。"③

既然赵鼎没有任何计划来抑制武将，老官僚张戒就同皇帝商

---

① HNYL，第 1868—1869、1886 页。
② 朱偰：《宋金议和之新分析》；CS，卷 79；HNYL，第 1900 页；《皇宋中兴两朝圣政》，第 1420—1421 页；PMHP，卷 161 之 4。
③ HNYL，第 1904 页；小岩井弘光：《南宋初期的军制》；梁天锡：《南宋建炎御营司制度》和《南宋之督府制度》。

量了一个方法,想要通过抽空大将的军队剥夺大将的权力,即将大将手下的高级军官提升到将军的位置,并让他们控制自己手下的军队。这样,他们从前的上司——那些大将就会无兵可掌。这个主意正中高宗下怀,但要付诸实施则须再等上一两年。[1] 张戒还提出了一个简要的政策纲领:“以和为表,以备为里,以战为不得已。”高宗喜欢这个纲领,告诉宰执大臣要遵行它。[2] 显然,皇帝正在逐渐转向向其他官员寻求建议。宰相赵鼎的表现已不再令他十分满意。

96

和议在朝中激起轩然大波。多数官员觉得女真人开出来的条件太过优厚,不像是真的,怀疑其中有诈。[3] 他们的保留和反对招致了皇帝强烈的反弹、气愤甚至暴怒。[4] 赵鼎夹在自己的看法和皇帝的意愿中间,想要两全其美。一方面,他指示宋朝谈判人员坚持收复河南之地,但绝不接受附庸地位。另一方面,他劝说高宗不要对反对派官僚的意见反应过激,以便整合异议。当然,皇帝可以解释说他之所以愿意议和,都是为了身为俘虏的父母。

皇帝抓住这最后一点,大肆发挥,宣扬自己议和的重要目的是要保全孝道。他说要想将父亲的棺材和母亲从囚系中解脱出来,这是唯一的办法。这番狡猾的说辞全以儒家价值观念为依托,谁又能对一桩受孝道驱策的圣上之行说三道四呢?他还向朝廷保证,除了这个最重要的目的,所有其他条件以后都是可以再

---

[1] HNYL,第 1915、1924 页;PMHP,卷 145 之 7—8、卷 175 之 11—12。

[2] HNYL,第 1970 页。

[3] HNYL,第 1944—1950 页;PMHP,卷 173 之 1—5、卷 176 之 16;王明清:《挥麈录》,第 275、320 条;王明荪:《金初的功臣集团及其对宋金关系的影响》,第 217 页。

[4] HNYL,第 1983—1986 页;PMHP,卷 167 之 4—9、卷 168 之 1—9、卷 170 之 2—4。

谈的。一批支持赵鼎的道德保守主义官僚看穿所谓孝道云云不过是借口，但是，他们的持续反对没有奏效。一意孤行的皇帝使用了他至高无上的绝对权力，签署诏令再次声明不得不议和的原因或者说借口，并强调禁止官员阻挠帝意的伸张。①

秦桧终于从边缘走上了中心舞台。北宋覆亡之际，他被女真人掳到北方。后来，他不知怎么就躲过了女真人的监视，到南方投奔朝廷，做了高官。不久，他宣称时机一旦成熟，和议当是最好的选择。作为一个精明的政客和有才干的行政官员，他密切关注着女真人的动向。虽然缺乏过硬的证据，但历史学家总是怀疑秦桧是女真人在宋朝精心培植的一个叛徒。尚无证据证明他曾经通过中间人与某些逐渐厌战的女真将领进行秘密联络。② 但是，秦桧很可能曾通过他滞留在北方、服务于刘豫政权的亲戚们搜集有关女真的情报。我们在《系年要录》中发现，秦桧有一个名叫郑亿年（生卒年不详）的表亲，是刘豫傀儡政权的大臣，曾经做过其首都开封的府尹。和议之后，郑亿年来到宋朝。在言官的抗议声中，这个变节者被毫无理由地神秘授予他在北方所拥有的同等官阶。这项例外安置一定有其特殊缘由。毕竟，仅仅是秦桧的表亲是不够的，最有可能的原因是他曾经充当秘密信使，为秦桧提供情报信息。③

当秦桧发现朝廷是反对议和的，便谨慎地避免在这个议题上进一步暴露自己，而是伺机而动。当皇帝本人想要议和时，机会

---

① HNYL，第 1955 页；HTC，第 3179 页；PMHP，卷 188 之 7—8；SYHA，卷 39 之 82。
② HTC，第 2859—2860、2864—2865、2899、2943 页；《皇宋中兴两朝圣政》，第 750、758—759、805、897 页；SS，卷 473；SSCSPM，第 733—764 页；丁传靖：《宋人轶事汇编》，第 751—770 页。
③ HNYL，第 975、1635、2116—2117、2149、2174—2175、2330—2331、2336、2339、2351、2360—2361、2364 页；钱士升：《南宋书》，卷 31 之 10。

来了。首先,秦桧搞了些预备动作来迫害赵鼎。他向皇帝密报赵鼎不忠,因为赵跟某些官员所说的与他在朝堂上所说的截然不同。然后,秦桧纠集同党,其中大多是南方人,来攻击赵鼎这个北方人。他们首先攻击的不是赵鼎,而是他的亲信。最后,秦桧的联盟对赵鼎发起了致命的一击,指控他与大将们秘密保持密切联系。高宗迅速回应说自己也这么想。① 在这个敏感的指控之下,赵鼎长期而辉煌的官僚生涯宣告终结。

赵鼎被解职了。临行前,他告诫皇帝当心某些人会利用儒家的孝道,迫使他不经仔细斟酌就匆忙接受女真人的和平条件。② 看来,虽然任期颇长,但赵鼎从未明白如下冰冷的事实:决定皇帝意愿的,不是儒家教条,而是权力的算计。随着赵鼎的去职,宰相们作为一个团队为防御和尊严而奋斗的记忆也像落日余晖一样逐渐淡去。和议鬼火闪烁的漫漫长夜降临宋朝。

权相长期独掌朝纲(1139—1155 年)

一旦成为唯一的宰相,秦桧便盘算着促成和议,平息朝廷上 98 的反对意见,条件是皇帝必须毫无保留地信任他,毫不动摇地支持他。他十分谨慎,不要求立即答复,而是请皇帝思考三天。三天之后,皇帝批准了他的计划。但是,秦桧建议皇帝在最后拍板之前再考虑三天。一旦确认了皇帝的全力支持,秦桧立刻在朝廷

---

① Wei Ai Gong:"Participation of Censorial Officials in Politics during the Northern Sung Dynasty(960—1126 A. D.)"(《北宋监察官对政治的参与》);HNYL,第 1954、1956、1967—1968、1972—1974 页;HTC,第 3188 页;《皇宋中兴两朝圣政》,第 1455—1459 页;PMHP,卷 183 之 3;SYHA,卷 35 之 12。
② HNYL,第 1974 页。

上宣布这个堂皇的决定是为了和平，他将负责和谈，他人不得插手。① 通过这一史无前例的举动，专制君主的权力空前膨胀，可以无须官僚机构的介入而作出任何不可逆转的决定。秦桧促成了这一膨胀，他本人又通过授权得到了与皇帝同样的权力。当和议即将达成之际，朝廷摆出姿态，再次允许官僚们表达意见，但只能是在闻所未闻的一天期限内。② 许多官员提出强烈反对，但都如泥牛入海。③

高宗为什么会接受这些屈辱条件，特别是与自身尊荣攸关的附庸地位？他一点都不顾虑儒家关于体统、荣誉、自尊的价值观吗？为什么他会在宋朝刚刚取得一大胜、若干小胜，反攻的前景正趋光明的时候反而钟爱和平？④ 他难道不怕和议会引起广泛的不满？思考这些问题将有助于理解权相秦桧长期在位的现象。

问题的核心是安全，秦桧为此努力良多。和议达成前夕，秦桧将三员大将召回朝中，任命为枢密院长官，将他们明升暗降，与军队隔离。大将从前的副手被提升为新的将军，继续统领原来的军队。接着，这些军队被置于朝廷的直接控制之下，成了帝国的军队。⑤ 军队的重组进行得相当顺利，没有引起任何混乱。事实上，很多将军早就看出风向，自请解除兵权。正如清初学者王夫之指出的，能有这么一位能干的权相按自己的心意办事，高宗一

99

---

① CS，卷 77；HNYL，第 645、1869、1886 页；《皇宋中兴两朝圣政》，第 1606 页；PMHP，卷 172 之 10—12。

② HNYL，第 1974—1975 页；PMHP，卷 185 之 4。

③ HNYL，第 1990—2004、2019—2020 页；林瑞翰：《绍兴十二年以前南宋国情之研究》；PMHP，卷 188 之 7—8。

④ HNYL，第 2193—2197、2203—2205、2211—2212、2236 页；王明荪：《金初的功臣集团及其对宋金关系的影响》，第 215 页。

⑤ HNYL，第 2244—2249、2253—2254、2258 页；HTC，第 2918、3281—3282 页，《皇宋中兴两朝圣政》，第 1429、1432—1433、1438、1622—1623 页。

定满意极了。①

三大将之中最年轻、最具爱国主义精神的岳飞（1103—1141年），唯一公开表示了自己的不满，并坚持反对和议。在没有正式将皇帝卷入、尚未动用皇权的情况下，秦桧仅仅凭着一个权相的权力，就以"莫须有"的罪名逮捕并在狱中处死了岳飞。② 其中的不公正是如此臭名昭著、明目张胆和令人震惊，从此后的那个世纪直到当代，它一直是通俗戏曲和小说的题材。③

言归正传。与女真人的媾和保证了外部的安全，剥夺大将的兵权则保证了内部的安全。安全对高宗的意义非同寻常。作为皇帝，他挣扎了十余年，经历了一连串的艰险逃亡和死里逃生。早期那场曾迫使他退位的兵变，近期大规模的叛逃，还有几个武将对和议的反对，常常使他对武人感到恐惧。现在，当秦桧完成这一切之后，再也没有什么可怕的了。而且，如果以后出了什么问题，他还能把秦桧推出来做替罪羊——秦桧死后，他正是这么干的。当然，如果什么严重问题也没出，他还会让权相秦桧继续为他统治。从他的立场看，一小撮官员的反对，在野知识分子的不满，都可以通过政治手段压制、平息。这样，帝国就天下太平了。④

任免宰相的频率归根结底取决于皇帝的安全感知度。当他觉得帝国是不安全的，政策是不确定的，那么，高宗对各种危

---

① HNYL，第 2188、2261、2265 页；王夫之：《宋论》，卷 10。

② HNYL，第 2264—2272、2282、2298—2304 页；HTC，第 3287—3289、3294、3300—3301 页；《皇宋中兴两朝圣政》，第 1630—1637、1643、1653—1655 页；SSCSPM，第 723—726 页；邓广铭：《岳飞传》；王曾瑜：《岳飞新传》。

③ 李安：《宋高宗赐死岳飞于大理寺考证》和《岳飞在南宋当时的声望和历史地位》；James T. C. Liu（刘子健）："Yue Fei(1103—1141) and China's Heritage of Loyalty"（《岳飞和中国的"忠"》）。

④ HNYL，第 2775 页。

机——内部的、外部的、个人的以及混合的——的反应就是频繁地试用新的宰相。而当形势转向稳定，相反的情况出现了。秦桧独相的时间不同寻常地长达 18 年，直到 1155 年去世为止。甚至在他之下的副宰相也没有经常更换，18 年中只有四任副相。

与女真人达成和议之后，权相要做的，就是将知名的政治反对派和其他有反对派嫌疑的官员驱逐出朝廷，高宗在幕后支持他。一位深洞时情的官员预言说："当皇帝独运皇权、达成和议之后，会比以前更加轻视士大夫。"①高宗本人则诟病士大夫，说："他们几乎不讲信义。他们彼此相异的言论、观点对国事丝毫无补。"②更糟糕的是，他们分散了国家的注意力，"自从和议达成之后，国无大事。我们唯一能看到的，就是那些宣扬自己标新立异的错误观点、扰乱朝纲的士大夫"③。皇帝命令地方政府严加看管那些放逐到偏远地区的官员。④

在被放逐者中，前任宰相以其声望成为士大夫的天然领袖。1139 年的和议达成后不久，朝廷为了表示和解，将他们全部任命为知州。⑤ 但是，第二年，他们又被以种种借口全部解职，重新退休或遭放逐，甚至遭到流放。⑥ 下一章将透过赵鼎的个案描述他们的困境。这里需要补充说明的是，这些年迈的政治家被置于某种类似于"驱逐出教"的境地。亲戚们甚至不敢与他们交往，更不用说老朋友了。⑦

---

① HNYL，第 2045 页；HTC，第 3193、3344—3346、3416、3429—3430、3448、3456 页；SYHAPI，卷 35 之 29、卷 96 之 60；王明清：《挥麈录》，第 279、300 条。

② HNYL，第 2072、2425 页；《皇宋中兴两朝圣政》，第 1665 页。

③ HNYL，第 2359 页。

④ HNYL，第 2387 页；洪迈：《容斋随笔》，卷 4 之 78。

⑤ HNYL，第 2050—2054、2066—2069 页；HTC，第 3208—3209 页。

⑥ HNYL，第 2126、2152、2164、2293 页。

⑦ HNYL，第 2699 页。

　　秦桧还建立了一种前现代的思想控制手段。尽管不是太公开，但几部史书中都提到了绍兴年间的"禁学"。起初，他命令重修官方实录，以便清除对己不利的内容，[①]后来又反复重申禁止出版、流通包含政治流言的私家历史记录的命令。[②] 著名保守派政治家司马光的一位后人吓破了胆，以致否认一部长期流传的笔记是他那位著名先人的作品。[③] 遭到压制的不仅是政治方面的书籍，还有那些包含所谓异端理论、奇谈怪论的书，以及谤诗。[④]每有书籍即将付印，都要送一部到国子监，接受审查。如果不能通过审查，书版就会被毁掉。四川和福建这两个出版业发达地区，受到了严密关注。值得庆幸的是，禁令时松时紧、未能贯彻始终，所以，反对派思想并没有全部消失。例如，程学学派虽然看似 *101*境况暗淡，却在私人的圈子里延续着，特别是在福建。[⑤]

　　在种种威压之下，多数士大夫都不再参与政治讨论。甚至高宗都注意到了这种沉默，他看到"近年以来，只有少数几篇议论国家大事的文章"[⑥]。他告诉秦桧，在和平时期，宰相应当放松。[⑦]然而，他根本就不明白，在秦桧看来，最迫切的任务就是不断揪出那些持不同意见的士大夫，消除其潜在影响。传说就在临死前几天，秦桧还正在制定一个 53 人的应弹劾、解职官僚的名单。[⑧]

---

① HNYL，第 2382 页；邵博：《邵氏闻见后录》，第 78 页；王明清：《挥麈录》，第 127 条。

② HNYL，第 2433、2599、2641 页；HTC，第 3343、3404、3461 页。

③ HNYL，第 2477、2599、2604 页。

④ HNYL，第 2382、2399、2496、2736 页；SYHA，序言之 18、卷 44 之 69—70；SYHAPI，序之 64、卷 34 之 63。

⑤ HNYL，第 2432、2745、2811 页；SYHA，卷 32 之 95。

⑥ HNYL，第 2660 页。

⑦ HNYL，第 2287 页。

⑧ HNYL，第 2431、2769 页；洪迈：《容斋随笔》，卷 2 之 142；寺地遵：《对秦桧之后政治进程的若干考察》；杨树藩：《宋代宰相制度》；岳珂：《桯史》，第 79、134 页。

别有用场的前宰相(1161—1162 年)

清除异己之后,秦桧任人唯亲,公然将自己的家人和姻亲安排在政府的诸多关键职位上。秦桧死前,他的儿子也是在他身边供职多年的一位高官,要求接替其职位。高宗拒绝了这个厚颜无耻的要求,而后迅速对秦氏家族开刀,罢免了在朝的秦家子弟,命令他们离开首都,返回原籍。① 帝国已经相当巩固,不再需要一位权相。相反,高宗希望通过肃清秦桧流毒来抬高自己的形象。

皇帝决定亲自掌管国政。② 秦桧时代为方便揽权,办事不循程序制度,监司郡守有事直接报请相关机构,不经朝廷;而高宗则下令事事必须直接上报朝廷。③ 对秦桧时代更为显著的一项拨乱反正,是下令叙复了一批遭到贬谪的前宰相和其他因受牵连而遭罢免的官员。这些被平反的官员得到了新任命,或是恢复了先前的职衔,至少也获准在他们喜欢的地方居住。已经去世的赵鼎得到了身后哀荣。④ 唯一一个突出的例外是张浚,他获准回四川老家葬母,但事后还需回编管居住地报到。⑤

高宗是否会罢免曾在秦桧手下任职的宰相们呢? 恰恰相反,他还要留任他们一段时间,因为政策取向基本上仍保持不变。但是,这班宰相不免遭到被平反者的攻讦挞伐。⑥ 比如,其中的一

① HNYL,第 2769—2774 页。
② HNYL,第 2794 页。
③ HNYL,第 2724、2824 页。
④ HNYL,第 2781—2789、2793、2801—2806、2930、2887 页。
⑤ HNYL,第 2885—2888 页。
⑥ HNYL,第 2928 页。

员很快被骂作秦桧第二。① 这班宰相自然都没能在朝廷上立足太久。走马灯似的频繁换相模式重新出现了,人浮于事的风气也在官僚群中重现。② 阿谀奉承在朝廷里大行其道。一位善于逢迎的高官*进呈"揽权论",主张皇帝既"取法于天",权力无所不包,则当如此这般行使其权力。③ 对于一个孱弱的政府来说,把专制主义捧上天可不是什么救弊良方,而是一个坏兆头。

秦桧高压政策的代价是道德沦丧。"一朝被蛇咬,十年怕井绳"。虽然气氛有所缓和,但是,几乎没有士大夫敢冒政治风险往前迈一步或是畅所欲言。④ 一些大臣建议,既然士大夫爱重名誉,皇帝就当承诺言者无罪,鼓励他们表达观点。皇帝表示反对,似乎害怕打开一扇洪水之门。⑤ 相反,他采取了另一种方针,让官僚们对如何节约政府用度之类毫无政治敏感的技术性问题提供意见。半年过去了,仍无人大声疾呼。⑥

官僚群体的人浮于事还不是最严重的病症,比这危险得多的,是1161年女真人的再度入侵。这是时隔20年之后女真人第三次企图灭亡宋帝国。宋朝小心翼翼地恪守和约,以为这样就可以保有和平。⑦ 谁也没有料到金朝会出现一位篡位者,他以诗言志,妄想马踏临安山巅。⑧ 前任皇帝钦宗已经在囚禁中亡故,女

---

① HNYL,第 2942—2948、3123—3131 页。
② HNYL,第 2818—2819、3028—3032 页。
* 译者注:原文为"One high official obsequiously presented a 'theory of power holding'"。查《建炎以来系年要录》卷 176,"法天揽权"是应届科举考生王十朋在殿试对策中提出的观点,此时十朋非"high official"。译文故从原文。
③ HNYL,第 2909—2911 页。
④ HNYL,第 2824 页。
⑤ HNYL,第 2939 页。
⑥ HNYL,第 3014 页。
⑦ HNYL,第 3100—3108 页。
⑧ HNYL,第 3172—3175 页。

真要收回河南、挺进长江流域。消息传来，朝野震惊。一位宦官建议迁都福建，高宗拒绝了，开始组织防御。① 为表率群伦，他御驾亲征到南京，但在那儿只待了两个星期。② 同时，为安抚主和派，也为给再度和议做准备，他召回了一位曾经接任秦桧并在某些方面尚颇有影响的前宰相。③ 为了表示自己的不偏不倚，他既宽恕了北宋末年因主和而遭贬谪的宰相的子弟，又宽恕了主战派象征——屈死将军岳飞的子孙。对这位将军迟到的承认赢得了许多爱国者和保守派的好感。④

高宗似乎漏打了一张好牌：富有军事才干的主战派领袖、前宰相张浚仍然处于放逐之中。最终，高宗还是违心地任命张浚出任贬居地附近一个州的知州。⑤ 接着，张浚还来不及歇一口气，又被任命为南京守臣，负责组织防御。⑥ 而就在张浚到达南京之前，宋军已经打了一个大胜仗——但不是因为武将们打得好。令人称奇的是，当时正好在前线的士大夫虞允文（1110—1174 年）重新组织军队投入战斗，并取得胜利。⑦ 之后没多久，厌战的女真军队谋杀了篡位者皇帝，放弃侵略，班师北还。恢复和平有指望了。⑧

张浚到达南京之后，立即越过长江，筹划在淮河流域进行大

---

① HNYL，第 3211、3233、3243 页。

② HNYL，第 3295、3306—3310 页。

③ HNYL，第 3247、3250 页。

④ HNYL，第 3252 页。

⑤ HNYL，第 3144、3181、3191 页。

⑥ HNYL，第 3250、3257 页；HTC，第 3616 页。

⑦ HNYL，第 3260—3272 页；沈起炜：《宋金战争史略》；陶晋生：《边疆史研究集：宋金时期》。

⑧ HNYL，第 3281—3287 页。

反攻。① 由于他崇高的历史声望和积极的现实活动,许多人都盼望他能成为下一任宰相,这个愿望却没能实现。② 在一次觐见时,张浚提出要和宰执一起同皇帝商讨军政事务,遭到了皇帝的拒绝。③ 高宗可不想让张浚这么一位主战派人物留在身边,阻挠自己的计划。主战派们充满理想主义地希望收复北方,而高宗则非常现实,只关心当务之急和实在事务。在他的算计中,第一是安全,第二是加强安全。持续战争隐含巨大风险,近期的胜利决不会动摇他对和议的渴望。④ 相反,高宗认为,应当抓住胜利的大好时机,在再度媾和时争取更有利的条件,比如说恢复宋朝的皇帝头衔,不再称金朝为上国。⑤

既然意见与朝廷恢复和议的方针明显相左,有人建议张浚辞 104 官还乡。他却继续留在南京,处理常规政务。也许,他是在静观待变。但是,他说人们已经把自己视为主战派的象征,退隐只会引起普遍的不安,而不安对国家是有害的。⑥ 对张浚来说,静观待变也许是正确的。在下一任皇帝统治时期,他确实得到机会尝试了一次大规模反攻,虽然又是无功而返。⑦

1162 年,统治南宋长达 36 年之后,高宗选择退位,传位给养子⑧孝宗(1163—1189 年在位)。也许是厌倦了近期的军事危机,

---

① HNYL,第 3294、3301、3357、3376 页。

② HNYL,第 3315 页。

③ HNYL,第 3319 页;HTC,第 3617 页。

④ HNYL,第 3313—3314 页。

⑤ SSCSPM,第 823 页。直到 1164 年,大宋的子民才获知宋朝曾经在对金关系中失去帝国地位的屈辱事实。这年,已经成为太上皇的高宗指示他的继承人发动战争,并通过修改和约条件重新获得了帝国的地位。

⑥ HNYL,第 3335 页。

⑦ SSCSPM,第 809—818 页。

⑧ HNYL,第 3377、3382—3385 页。

也许是为能够在第二次和议之后传给继承人一个尽可能安全的帝国而感到无比欣慰，不管怎么说，太上皇高宗晚年身体康健，继续在幕后对重大朝政施加影响。过去，在前台出头露脸的代理人是不是无法完全让他称心如意呢？如果是这样，新皇帝便是那个代理人。

高宗遗产中最为重要的，是一个倾向于绝对独裁的君主专制权力。那个时代的许多知识分子都再明白不过，一切都仰赖皇帝的决策。皇帝个人，不依靠任何官僚，制定国家政策。从此，知识分子们意识到，政治必须从皇帝的教育开始，别的都还在其次。这正是为什么后来哲学家朱熹会长篇大论地对新皇帝强调诚实地"格物"以"致知"，从而达到"正心""诚意"的重要性。① 很多人认为这些哲学概念在政治上是幼稚的，但是，在极权主义的语境中，朱熹所强调的，正是从他的立场看来最为现实、最中要害的东西。如果在朝廷上是皇帝一个人说了算，他个人的道德观念、思想意识将直接影响国家的繁荣昌盛，那么，一位优秀的儒者必定要问：除了让皇帝皈依儒家学说，还有什么能更好地建设好国家、好社会呢？

---

① HNYL，第 3389 页；SSCSPM，第 827—845 页；又可参见《大学》，James Legge 译，第 5—7 章。

第六章　个案研究：从辉煌到流放

关于高宗朝道德保守主义者和更讲实利的现实主义者之间
的政治冲突，上文的叙述似乎已经完结——但还不完全如此。保
守主义者虽然下来了，却没有离去。在逆境中，他们仍然在某种
程度上保持着信念和希望。他们需要一个榜样作为精神支柱，激
励人心，并将其理想传递给后来的年轻知识分子。这个榜样可以
是一个为心中原则不屈不挠地努力奋斗、顽强抗争的英雄，甚至
也可以是一个战争或政治斗争中的失败者。事实上，厄运对英雄
提出的是更高的精神要求。命运越是令人沮丧，寻求通向同一目
标的其他路径的启示便越是强烈。

这群理想主义知识分子失去了恩宠，失去了权力，特别是在
秦桧独相和他死后的许多年里。了解他们崇敬什么样的人，可以
帮助我们理解其心态和行为。那么，在南宋初期风云变幻的政坛
上，谁是后来人道德先验论者的榜样？谁的生命历程为我们提供
了保守主义原则付诸实践的研究个案和洞悉这一儒家学派思想
的可能性？

谁有资格做榜样？

知识分子会选择岳飞将军做榜样吗？尽管岳飞确实是一个

激动人心的绝对忠诚的象征，他的牺牲也的确激起了深切同情，但是，他毕竟只是一个出身行伍的将军，而非士大夫。事实上，他从未有机会受到正规教育。他的某些作品，特别是一首直到第二次世界大战时仍然十分流行的爱国主义词作，可能是幕僚捉刀代笔，或者是托名之作。不管怎么说，这首最著名的词在 12 世纪中期尚不为人所知。① 尽管知识分子们会对岳将军表示崇敬，但不会认同他。

对知识分子们来说，张浚是否有做榜样的资格呢？众所周知，他是一位勇敢坚定、富于远见、有才干的爱国主义政治家，有能力组织大规模军事行动，是同时代人中的佼佼者。不幸的是，他非但从未取得胜利，而且还有三次惨败的经历。1130 年，他在陕西打了一场考虑欠周详的战争。1137 年，就在敌人即将发动进攻之际，他打算把将军郦琼调离原职，结果却引起该将军和其麾下军队在前线大规模叛逃。1163 年，在第二任皇帝治下，他打破和约，以大量兵力主动对女真人发起反攻，但很快陷入失败，宋朝不得不再次请求和谈。② 他的学术也令人质疑。尽管其子张栻后来成了道德保守主义的主要倡导人和朱熹的密友，③但他时不时要对道德保守主义者及其历史观提出批评。④

一般而言，要成为能够让知识分子，特别是道德保守主义者认同的榜样，至少必须同时具备两种资格：第一，活跃旺盛的学术

① 邓广铭《岳飞传》坚持传统说法，认为这首著名的词是岳飞本人的原创之作。夏承焘在《唐宋词论丛》中则推测这首词可能是 1500 年前后为庆祝明朝在内蒙古的一次胜利而作，后追附到岳飞名下。笔者有意在不久的将来写作短文，考证这首词可能是岳飞幕下的某个枪手参与创作出来的。
② SSCSPM，第 809—818 页。
③ 李心传：《道命录》，卷 3 之 13—17。
④ SYHA，卷 44 之 61。

活动,在学者中具有影响力;第二,仕途显赫,对国家有突出贡献。杰出的士大夫通常会在一个方面获得高分,但鲜能二美兼备。[1]

赵鼎却是一位罕见的二美兼备的政治家。尽管他的政治和学术在当时备受推崇,他的部分文章被收入了明人所编《历代名臣奏议》当中,[2]但是,历史学家们低估了他作为知识分子榜样的光辉。在朝廷上,他是道德保守主义的重要倡导者。他的观点建立在经典儒家原则基础上;他指出从变法一直到当下的国家事务的缺失。作为宰相,他提携了许多他认为优秀的儒家学者。然而令人痛苦的是,虽有一片忠心和突出的政绩,但是,当高宗选择接受屈辱的和平时,他却成了祭坛上的牺牲品,蒙受不实之辞的攻击,在晚年被流放到帝国的一个偏远角落。在那里,他完成了自己的回忆录,然后选择以绝食的方式结束生命。[3]

赵鼎辉煌的一生和悲惨的结局在许多知识分子心中激起了强烈的情感和道义上的愤慨。然而,直到1163年,当新皇帝孝宗授予他最高荣誉和"忠简"的谥号、为他平反昭雪时,人们才开始公开表达崇敬和深切同情。"忠"意为"忠诚","简"意为"永不满足的崇高志向",两个字合起来不仅概括了赵鼎一生的特征,而且抓住了大批知识分子之所以认同于他的根源,因为文人们认为自己也同样满怀忠诚而遭遇挫折。他的文集名称(《忠正德文集》)涵括了"忠诚、正直、高尚和有文化"(以儒家的方式)等诸多限制语。从高宗皇帝统治时期开始,许多士大夫都把赵鼎当作南宋初期最优秀的大臣,道德保守主义者当然更不例外。本章以下部分所要进行的个案研究将揭示其原因。

---

① 刘子健:《欧阳修的治学与从政》,第2页。
② 黄淮和杨士奇:《历代名臣奏议》。
③ CCTWC,赵鼎的著作;SS,卷360《赵鼎传》。

初擢签书枢密院事

赵鼎，北方人，向南流淌的黄河在他的故乡山西折而向东。他与不到两百里外的洛阳有着密切联系。在那儿——北宋帝国的文化中心，他曾经是邵伯温（1057—1134 年）门下的一名求学青年。邵氏的父亲是司马光和程氏兄弟的朋友。在官僚生涯的早期，赵鼎作为洛阳县令重归故地。① 之后，在首都开封，作为一名低级官员，他亲眼见证了北宋王朝悲剧性的灭亡。女真人扶立的傀儡政权力图吸纳士大夫。多年以后，流放中的赵鼎受到了对其"历史问题"的指控，说他曾自贬身价，回傀儡政权合作以至高位，甚至还曾经阻挠忠诚的人们自发投奔首都的行动。赵鼎在回忆录中对这些谣言一一驳斥，证明它们是敌人蓄意煽动的诽谤。后世史家认为所有这些指控都纯属伪造。赵鼎当时所做的，是躲过了傀儡政权的收买示好，逃向南方。②

南宋初期，在得到友人张浚的推荐之前，赵鼎的知名度还不足以让他获任朝官。使他声名鹊起的是他对国家突然遭遇惨败的根本原因的激烈言辞。他认为，变法是一切错误的根源，而蔡京只不过是变本加厉而已。他说，王安石政策最具危害性的后果是人才的浪费，他们被导向错误的道路，甚至是腐败行为。（应当指出的是，根据儒家原则，先皇无可指摘，因此，指责几乎总是集中在大臣身上，在这里就是王安石。）尽管其他几位学者，比如杨

① CCTWC，卷 3 之 9—10；可参看 SS，卷 433《邵伯温传》。
② CCTWC，卷 3 之 4—17；HNYL，第 52、68 页。

时,也曾表达类似的看法,但是,引起巨大反响的是赵鼎的言论。① 急于树立新形象的朝廷发觉赵鼎的策论颇具吸引力,将他连升三级:先是右司谏,然后是殿中侍御史,最后是侍御史。② 赵鼎的首先发难,再加上其他保守派的添油加醋,最终导致王安石的牌位被请出神宗陵庙,其配享荣誉也被取消。③

赵鼎积极地行使他的监察权力,在三个月内提交了 40 份建议,有九成获得朝廷批准。未被批准的,则包括将朝廷迁往长江岸边某地以图安全的主张。④ 1129 年,女真人发动最大规模的入侵,跨过长江。高宗退到杭州以后,在兵变军队的逼迫下,曾被迫短期退位,此事造成了他此生对武人永远的不信任。在女真人无休止的追迫下,他不得不沿浙江海岸继续撤退。在兵变和退位危机中表现得忠诚尽职的赵鼎被派往上述地区打前站,然后,又回过头来加入朝廷的继续逃亡。⑤ 他审时度势,提出三个可供选择的策略:继续战斗、择地而守、逃亡避敌。由于宋军兵力相对处于 *109* 劣势,他赞成宰相采取避敌之策,于 1129 年腊月(相当于 1130 年 1 月)逃到海上。因为在危难之中表现坚定,赵鼎再获升迁,任御史中丞。⑥

从来没有一个中国朝廷曾经在大海上漂泊。这个念头光是想想就能吓得许多官员脸色苍白。他们进退维谷:一边是女真恶魔,一边是蓝色的大海;一边是可怕的危险,一边是不可知的冒

---

① CCTWC,卷 1 之 4—7;朱熹:《伊洛渊源录》,卷 10 之 5、卷 10 之 8;HNYL,第 472、494 页;《皇宋中兴两朝圣政》,第 616 页;SS,卷 360、362、428。

② HNYL,第 498、507、526 页;《皇宋中兴两朝圣政》,第 626—627、632—633、662 页。

③ HNYL,第 1375、1487—1497、1508—1509 页。

④ HNYL,第 526、559 页;《皇宋中兴两朝圣政》,第 699 页。

⑤ HNYL,第 558—562 页。

⑥ HNYL,第 578—579 页。赵鼎只是建议撤退,逃亡海上的主意来自当时的宰相吕颐浩。

险。皇帝决定出海时，只从朝中选择了宰相和 6 名勇敢的官员随行，其中就包括了赵鼎。其他官员则任便疏散到邻近地区，只要他们能在那儿找到避难所。出海之前，感到前途渺茫的士兵们陷入骚乱，这使皇帝回想起刚过去没多久的兵变经历。为避免悲剧重演，他决定摆脱大部分士兵。在航行中，他带了尽可能少的禁军和一支由宰相掌握的大约 3000 人的部队。没有舰队，也没有海军，有的只是一队匆匆忙忙凑起来的普通船只。尽管我们不知道究竟有多少艘船，但我们了解每艘船可载 60 名士兵。因此，总共至少该有 50 艘船。我们也不知道这些船只的大小，但它们该是相当大型的，因为我们知道每名士兵被允许携带 2 名家属。加上水手，这些船只的平均承载量应当超过 200 人，或者可能达到300 人左右。①

　　皇帝的航行遭遇到一场持续三天的剧烈风暴，接下来度过了1130 年令人沮丧的旧历新年，之后又是一次死里逃生。在海边当地人的帮助下，女真人追到了海上，几乎赶上高宗。值得庆幸的是，追兵的船只较小，宋朝的船长驾驶大船把他们甩在后面。②不管怎么说，皇帝和他的随员越往南走就越是感到安全。他们最远到达了靠近福建的泉州，但是，传来的仍然是不利的战报。在中国中部的江西，女真人跨过长江，追捕皇太后和她的随从。扈从军队发生兵变，抢劫皇室，土匪掠走了剩下的东西。该地区的一名知州（不是别人，正是秦桧的岳父）不仅投降了金人，还派他的儿子为敌人募集军需。③ 回望南京的宰相杜充，人们本来指望

---

① CCTWC，卷 7 之 9—12；HNYL，第 584—589 页；PMHP，卷 134 之 3—4；王明清：《挥麈录》，第 269、307、358 条。
② CCTWC，卷 7 之 14；HNYL，第 603 页。
③ CCTWC，卷 7 之 10、卷 7 之 13；PMHP，卷 135 之 1—3。

他来保护这座城市,而让大多数人感到震惊的,是他却不张一弓不发一矢就弃城了。更为令人惊骇的是,杜充本人也投降了女真人。此前,还没有一名宋朝的宰相有过如此行径。听到这个噩耗,皇帝连着几天都食欲全无。①

幸运的是,由于人力不足、补给线过长,从 1130 年春天起,女真人开始逐渐北撤。然而,宋朝皇帝的回銮之旅也不全是一帆风顺。他乘的船曾经被大雾围困了将近半天,人们甚至以为他失踪了。② 最后,皇帝陛下终于上了岸,把司令部安置在绍兴,该地以他的新年号命名。

在整个逃亡过程中,赵鼎的表现都极为出色。他常常临时受命去视察军务,并因此获得了军事方面的专长。有传说甚至宣称他在击退一批女真人中起了作用。③ 然而,这样一个传说对赵鼎的官僚生涯却没什么好处,相反,只会使其他官员感到嫉妒。

女真人撤退后,赵鼎毫不犹豫地投入了政治斗争,热切希望解决行政问题。他发现宰相吕颐浩的缺点,特别是在财政和人事政策方面的问题,因此连上表章,反对和否决吕所作的升迁决定,借此来表明对吕的不满。皇帝最终同意将吕赶出朝廷,任命他做知州。尽管皇帝很小心地宣称吕颐浩并无大过,但赵鼎打赢了这一仗。④ 考虑到赵鼎近期的军事经历,他最终被提拔为签书枢密院事,这是一个仅次于宰相的职位。由于当时并无枢密使在任,因此赵鼎实际上已经跻身最高官员之列。

---

① CCTWC,卷 7 之 15。

② CCTWC,卷 7 之 17。

③ HNYL,第 611—612 页。

④ CCTWC,卷 7 之 18;HNYL,第 631—636、645、674、679、855 页;HTC,第 2830 页;PMHP,卷 137 之 11—12;SS,卷 362;王明荪:《金初的功臣集团及其对宋金关系的影响》。

111   尽管已经有了权和位，赵鼎却不能做他想做的一切。第一，他想把枢密院恢复到与宰相及其附属机构相独立的正常状态。想法虽然合理，却既不够明智，又不合实际。① 战时的紧急事态要求宰相必须兼管军事事务。第二，赵鼎和其他几个官员都认为，有必要加强对大将的监督控制。这些大将拥有私人军队，常常自行其是。皇帝打心眼儿里赞同这个主意。但是，当一位大将不遵朝廷号令发兵援助相邻部队，赵鼎想要严厉斥责时，皇帝却嘱咐他用词要温和。② 同这位理想主义的大臣相比，皇帝在政治上更为精明，他坚持要赵鼎在进行任何涉及多支部队的战略调度时，必须征询将军们的意见，取得他们的同意。③ 第三，政治风向变了。1130 年秋，赵鼎的密友张浚从西南腹地发起大规模北伐，试图扭转宋朝在沿海地区压力巨大的军事形势。不幸的是，这场先天不足的侧翼行动以惨败告终。张浚的去职对曾经支持他的赵鼎的政治地位投下了阴影。④

1130 年冬，赵鼎被调离朝廷，表面上是因为他在某些任命和其他几桩小事上违背了皇帝的旨意。⑤ 这些事情，既不涉及敏感问题，赵鼎在其中也并无大错。真正对赵鼎造成损害的，是不断有人批评、指责像他这样一个对军政知之不多的学者却常常触犯同事、军官和百姓。一句话，赵鼎激起了众怒。当一批同事盼望着他走人时，总是希望保持多数派支持的皇帝当然只好点头。⑥

---

① HNYL，第 645—649 页。
② HNYL，第 695、713—714、724—725 页；PMHP，卷 145 之 8。
③ HNYL，第 728 页。
④ HNYL，第 711—713、1218—1225 页。
⑤ HYL，第 733 页；HTC，第 2863—2864 页。
⑥ HNYL，第 1085、1233、1286 页。

宰相团队和国家政策

赵鼎之离开朝廷只不过是一时的挫折,绝非失宠。在所到之地,他仍然顽强地保持着充沛的热情,尽职尽责。他先被任命为苏州知州,几个月后被调往战略要地南京,同时兼任长江东部地区的安抚使。南京一向号称难治,高官多,武将多,军队多。其中 *112* 很多人出身土匪,惯于自行其是。即使非土匪出身者也有可能参与了所谓"军队经济":军官役使士兵进行航运、贸易、酿酒甚至走私活动。他们有时会故意让军队不足额,以便将正常上报的兵额与实际兵额之间的差额军饷塞入自己的腰包。有些将领不给部下应得的待遇,由此经常引发小规模、地方性的兵变。赵鼎的威望使南京能够做到令行禁止:有他在,每个人都规矩多了。但是,他却难以获取足量的军需供应,而这正是他的一项重要职责,这又引起了某些不满。①

1133 年,赵鼎调任洪州(今南昌)知州,兼任江西安抚使。洪州位于长江中游,俯瞰鄱阳湖。他成功地渐次消灭了几股恶名昭著的土匪。与此举相关联的是他全力支持了岳飞的发展。这位将军后来成为忠烈,此时还是一个正在崛起的人物。②

对赵鼎来说,将地方行政导还正轨、进行侵略后的重建工作,都不过是前奏曲,恢复宋帝国才是他伟大的终极目标。他建议朝廷将战略要地襄阳作为收复故都开封、洛阳的桥头堡,朝廷没有接受,襄阳很快落入敌手。赵鼎奉命沿长江一线收容、重组、统率

---

① HNYL,第 1025、1049、1065 页;《皇宋中兴两朝圣政》,第 926—927 页。

② CCTWC,卷 2 之 12—13;HNYL,第 1079、1206 页;《皇宋中兴两朝圣政》,第 943、1014 页;PMHP,卷 155 之 15。

四散南逃的溃兵。事后，根据赵鼎的建议，朝廷加强了长江中游的两大堡垒鄂州（今武昌）和江州（今九江）。当匪患得到控制之后，岳飞立即着手整顿军队，准备北伐。①

113　　镇压土匪对内部安全至关重要，而反攻的准备则有助于外部安全。皇帝对赵鼎在这两方面的成绩都感到非常满意，认定让他回中央任职更有益时局。② 1134 年，赵鼎奉召还朝任副宰相。也许是从前次与其他官员的冲突中吸取了教训，赵鼎的政治风格变得不再那么强硬，他和宰相朱胜非的合作，虽然不无紧张，但没有发生重大争吵。

又到了变换宰相的时候。朱胜非被吕颐浩取代，而后者正是赵鼎几年前攻击过的人。皇帝知道两人的矛盾，选择让赵鼎再次离朝，这一次不只是做知州，而是做在四川、陕西的广大地域内有便宜行事权力的都督，并将在西北侧翼准备一场反攻。1130 年，张浚曾经担任同样的职责，结果以失败告终。③ 为不辱使命，赵鼎要求比张浚曾经得到的更多的资金和供应，而宰相吕颐浩给他的却比以前更少。赵鼎抱怨之后，他追加了一些但仍然远远不足。赵鼎表示抗议。他抗辩说，如果在朝廷上得不到足够的支持，又怎么能希望他在距离权力中心几千里之外的地方完成如此艰巨的任务呢？④

这场辩争还没有解决就意想不到地被搁置了起来。事态紧

---

① HNYL，第 1110、1109、1121、1137、1152、1161、1172—1173、1191、1194、1241、1250 页；PMHP，卷 161 之 6、卷 162 之 6—7。

② HNYL，第 1222、1263、1281 页。

③ HNYL，第 1290—1291 页；《皇宋中兴两朝圣政》，第 1201、1047—1049 页；PMHP，卷 161 之 1。

④ CCTWC，卷 2 之 15—29；HNYL，第 1305—1306 页；李心传：《旧闻证误》，第 51—52 页。

急，赵鼎的任务宣布取消。到此时为止，宋朝一直是通过非正式信使维持和谈，与女真人保持联络。女真人坚持在中原扶植刘豫的傀儡政权，使得双方无法达成一致。[①] 此时，在毫无警告的情况下，女真人又以刘豫的军队做帮凶，在淮河流域发动了全面进攻。[②] 在这场突如其来的风暴打击下，朝廷需要赵鼎来帮助掌舵护航。

114

　　胆小鬼们给朝廷开出了屡试不爽的老药方：皇帝应当沿着海岸南逃，到福建去，官员们则该疏散到其他安全地方。甚至一些将领也同意朝廷这样做，把长江防御的任务留给他们。皇帝在犹豫。赵鼎却提出了截然相反的意见。他指出，上一次女真人越过长江后，缺乏足够人力，才没有长期占领。而这一次他们裹挟傀儡政权的军队而来，如果有能力再次越过长江，就不会停下，而是会追着皇帝的行程继续推进。从长远上看，这次侵略有可能使朝廷最终面临无地可退的境地。唯一可行的办法只有立即迎战。赵鼎冷静地分析，认为这一次反而是宋朝挫败敌人锐气的大好机会。因为，女真军队并不处在它最强悍的时候；况且，女真人此次是应刘豫的要求而不是自己选择南侵的。傀儡政权军队的增加不会改变整体状况。[③] 他向皇帝保证，经过几年的准备之后，宋朝军队应当可以胜任这项任务，养兵千日，该是用兵的时候了。激动人心的推理打动了皇帝，让他认识到这已经不是简单的安全问题，而是王朝的存亡问题。

　　高宗任命赵鼎担任宰相兼枢密使，宣布自己将从临安迁往南

---

① HNYL，第 1196、1199、1202、1283、1306—1307、1311 页。

② HNYL，第 1313、1318、1321 页。

③ HNYL，第 1323 页；HTC，第 3023—3028、3041 页；《皇宋中兴两朝圣政》，第 1056—1059、1063、1087 页。

京以便亲临指挥，但同时，他把宫廷人员送往他上一次避难的温州和更南方的福建泉州。① 他接受赵鼎的建议，告谕诸将必须通力合作，有效抗敌；而他将亲自指挥调度，确保诸将得到同等的供应，打胜仗则有充足的奖赏。士气大振的军队果然一开始就打了几场胜仗。②

高宗还采取了一场政治攻势。在此之前，为了不必要惹怒傀儡政权背后的女真主子，宋朝一直耐心地克制着不去谴责或贬低傀儡政权。到了这个时候，生死存亡的威胁重新激起了高宗的敌忾之情，他颁布一道又一道诏书，强烈谴责傀儡刘豫，号召其治下的人民弃暗投明、回归宋朝。③ 在最初胜利的激励下，皇帝曾考虑从南京渡江北上。赵鼎反对。他认为最佳战略是长期固守长江一线，消耗敌人的积极性和力量。他提醒皇帝，即使女真人突破沿江防线，固守南京也可以不必后撤，由此便可表明皇帝坚持抗战的决心。而如果皇帝先北进后南撤，便会引发诸将的退却，军队的四散奔逃和整个防御的全线崩溃。尽管不无危险，皇帝还是接受了这一战略。④

赵鼎觉得自己越来越无法单独应付日益紧迫的军政事务，请求皇帝将老朋友张浚召回朝廷。他说，张浚是文官中最杰出的军事专家，他对国家的贡献无可指摘，他的斗志一直激励着军人们，他的去职则曾经引起军人的普遍失望。至于那些曾经导致张浚去职的苛刻批评，赵鼎开脱说，只不过是某些要求遭到拒绝的人们在个人敌意煽动下的产物，许多指控都是捕风捉影、夸大其辞

① HNYL，第 1337—1338、1344 页；PMHP，卷 157 之 1、卷 164 之 1。
② HNYL，第 1370、1668—1669、1695—1697 页。
③ HNYL，第 1346—1348、1354、1362—1363 页。
④ HNYL，第 1356—1357 页；PMHP，卷 164 之 5、卷 164 之 10—11、卷 165 之 1。

的。张浚的惨败是一个错误，但不是罪行；他应当受到责罚，但不应被闲置。高宗被说服了，他签署特诏赦免先前对张浚的指控，任命他为枢密使，并预先封住了台谏官的反对通路。① 皇帝教导张浚这一回一定要作为一个团队同赵鼎合作，他说，赵鼎是一位刚正的政治家。② 这话是知人之论。

南宋的前景开始光明起来。立身皇帝之侧，身为百官之首，又有他所敬重的老友相扶助，赵鼎比任何时候都更加坚信，努力提高道德水准是最佳的治国方略。

道德保守主义者的政治风格

关于赵鼎—张浚团队，其良好的运营和令人遗憾的分裂，前文已经论及（第五章）。这里将着重分析赵鼎的政治风格，以此来说明道德保守主义者普遍的政治风格。赵鼎曾言"我坚持自己的信仰，一往直前"③，这话有助于我们洞悉其政治风格。信仰是原则性问题，对于道德保守主义来说尤其如此。但是，什么时候该表白信仰，又怎样去实现它，则是政治艺术中的策略问题。比方说，总是"一往直前"，在政治上是明智的吗？ 当危机降临，事态艰难，需要果决行动时，这种态度于事有益；但是在讲究秩序程序的日常官僚生涯中，则常常不可取。然而，道德保守主义者偏偏动不动就将这两个层次混为一谈，将普通的冲突当作原则高度上的对抗来处理。

116

---

① HNYL，第 1305—1306、1325—1326、1349—1352 页；HTC，第 3026、3046 页；《皇宋中兴两朝圣政》，第 1054—1055 页；SS，卷 361《张浚传》。

② HNYL，第 1354 页。此事有先例，见 SS，卷 362《吕颐浩传》。

③ CCTWC，卷 4 之 10。

赵鼎和其他浸润于儒家教义的保守主义者的观点都容易流于教条主义。比如，赵鼎就承认他常常遭到"议论不实际，不切题"（"迂阔"）的批评。① 他的行政风格也曾被指为重"循规蹈矩的程式"（"虚文"），过于重实质，②这话倒有几分真实。例如，皇帝刚刚从海上归来，日常工作尚未进入正轨，赵鼎就上章要求他脱下战袍换上帝王的衣冠，以维持其高高在上的尊严。③

像许多保守主义官员一样，赵鼎痛恨官僚体制的弊端。一旦大权在握，他便迫不及待地清除胥吏、下级官员和军官中存在的玩忽职守和滥用职权等行为。④ 他认为，宰相应当仔细挑选监司和知州，以便澄清地方吏治。⑤ 政府应当通过推行现行律令重振雄风，而不是改革律令或设计新的行政手段。实际上，通过努力，赵鼎已经初步改善艰难时势的国家财政，为军队提供充足的军需。在官僚生涯的最后一站即降职出任绍兴知府时，他又实现了"限制官吏，纾减百姓负担"的理想。⑥

人们常常将道德保守主义者描述成固守原则的偏执狂。不错，其中的一些人确实事事执拗，但是，我们还是可以提出两点异议：第一，人们可以批评他们对小事的偏执，这时候，文人的优越傲慢只会让他们显得面目可憎；但是，如果要批评他们在重大问题上的绝无动摇，则未免有失公道。在重大决策问题上，他们坚持原则是正直诚实使然，他们对其决策的行为后果的认识也基于同一立场。第二，事实上，不是所有的道德保守主义者都是执拗

---

① CCTWC，卷 1 之 8。

② HNYL，第 1591 页。

③ CCTWC，卷 1 之 24。

④ CCTWC，卷 1 之 14—15、卷 1 之 30—32。

⑤ HNYL，第 1649、1652 页。

⑥ HNYL，第 1741 页；HTC，第 3114—3115 页；唐庚：《眉山集》，卷 1 之 3。

到家、毫不通融的。赵鼎的思想基本上属于道德保守主义,但是,即使在一些相当重要的问题上,他也能够结合实际情况作出融通117的判断。例如,高宗曾经几次在首都和长江之间来回迁移,面对步步进逼的敌人,在退缩与直面之间首鼠两端。赵鼎的意见又如何呢?谨慎是他立言建议的基础。如果敌人太过强大,如果皇帝身处异常不安全的境地,或者,如果皇帝不撤退宋军就会太过分散、自蹈险地,那么,赵鼎便会建议避免正面迎敌,以便保存现有实力。而道德保守主义的普遍原则却认为皇帝应当为保卫国家而战,逃跑是绝不应当的。一些道德保守主义者曾因此而责怪赵鼎。这些人只是绝对偏执的典范,却不能证明该学派的所有人都毫不通融。从根本上讲,赵鼎坚持皇帝必须保卫帝国的原则,认为应当直面敌人的挑衅。[①]　因此,必要时他还是鼓励皇帝前进。然而,当他提出此类建议时,那些更加实用主义的非保守主义士大夫却指责他未能体念因事制宜的意义。[②]　这样的指责是不公道的。他已经做得非常灵活了,但还有自己的原则。他看到了将实际情况考虑在内的必要性,也看到了一味跟风的局限性。问题是:是否存在一个原则,可以据之判断多大程度上的灵活性是适宜的?

在宋代的官僚体制中,最令人头痛的实际问题就是甄别人物。用宋朝士大夫所习惯的简单思路来说,最迫切的问题就是:谁是值得尊敬的儒家绅士(君子)?谁又是令人不齿的卑下小人(小人)?这个问题是儒家思想与生俱来的。所有的官僚都宣称自己道德高尚,但某些人显然名不副实。如果可能,应当设立毫

[①] CCTWC,卷3之5—6、卷3之19、卷8之21—22;HNYL,第1226—1228页;HTC,第2829页。

[②] CCTWC,卷4之9。

不含糊的尺度来区分这两种人。在入朝初期的一篇奏章中，赵鼎曾经建议过一个办法。

赵鼎指出，以反对王安石变法的保守派和北宋晚期变法的追随者相比较，思想保守的官员更为诚实、善良、高尚和深思熟虑。在地方政务方面，他们更愿意遵循旧制，依靠声誉良好的上等户或社区中的骨干分子提供吏役。相反，具有改革思想的人却多半干练、有才能、积极求进和好赶时髦。在变法体制的雇役法下，他们选择使用气味相投的属官和吏员。① 后来，赵鼎又加上了一个更为直接尖锐的区别：君子相对而言更易宽恕，而小人为了升迁则会毫不怜悯地攻击对手。其原因是，真正的儒家希望通过道德影响感化他人，而那些背离了儒家原则的人则根本不作此想。②

用现代语言来说，这一古老论题的核心，是关注效能与关注礼义的区别。对运作政权（或操纵官僚政治）持实用主义态度的人认为，政治就是权力，掌控权力才是有价值的。制定决策的基础是如何更好地达到预期目标，衡量成功的尺度是结果，选拔文官的标准是办事效能。而对于道德保守主义者，或者任何相信统治与道德密不可分的人来说，事情却绝非如此。他们认为，政治就是恰当的统治，确保所有行为符合道德原则才是有价值的。决策应当建立在礼义规范的基础上，成功即符合正确的教条，选拔官员的标准是能否身体力行道德准则。

这种基本立场的对立并非宋代中国所独有，在许多地方、许多时代都可以发现它的踪迹。两种立场各有所长，各有所短。关注效能，在宋代中国以变法派为代表，可能导向推行有益的改革

---

① CCTWC，卷 3 之 17；SYHA，卷 40 之 89；SYHAPI，卷 39 之 2、卷 98 之 60。
② CCTWC，卷 8 之 20；陈渊：《默堂集》，卷 16 之 18；《皇宋中兴两朝圣政》，第 1085、1115—1116、1395—1396 页，记录了高宗、张浚和赵鼎各自的观点。

政策,也可能导向机会主义的泛滥。关注礼义,以道德保守主义者为代表,可能会产生鼓舞人心的领导,阻止滥用权力;但是,也可能导致品评人物时的狭隘和自以为是,造成错误评估甚至根本忽略政策的实际影响的倾向。在多数情形下,一个派别会将对立派别中最令人不齿的个案看作一般典型,南宋初期也不例外。

为省却长篇大段的叙述,表3提纲挈领地显示了强调道德和 *119* 强调权力的两大派别之间的基本差异,并展示了各派别中最优秀者和最低劣者的区别。它表明,不同的理论取向是两大阵营之间的主要分野,而同一阵营中高素质者和低素质者之间的差异也构成了一道鲜明界限。在理想主义、洞察力、奉献精神和想象力诸方面,双方的领袖比同一阵营中领袖与追随者更为相似。但是,令人悲哀的是,即使睿智的领袖也总是透过最卑劣而不是最优秀的个案来评判其对手。更为重要的,是事件影响着看法。

表3 政治类型比较

	关注礼义	关注效能
崇高的理想主义	道德保守主义领袖人物,相信道德榜样会带来社会转机	最初的变法派,寻求革新统治政策,建设更美好的社会
二流的追随者	固执、狭隘的教条主义者,一味坚持实施教义,而不甚关心后果	机会主义、极端自私、道德低下,为营一己之私利,只求目的,不择手段

王安石和其早期追随者曾经是理想主义的,并曾经理所当然地自信为优秀的儒者。然而,他们所强调的,是在儒家的范围之内政府可以成就什么,而不是儒家理论可以把什么样的条条框框套在政府头上。其成就并未获得广泛接受,就更不用说其不合格的继承人了。更何况,当第一代改革者消逝之后,其后继者已经不再是那么富于理想了。就在恢复变法之后,女真人的入侵招致

了王朝的危机，反对派因而认为灾难是变法的后果。事实似乎证明了他们的观点：同变法体制最初的设计者相比，在变法体制下成长起来的年轻一代士大夫更少了些理想主义精神。第二、三代变法派官僚低下的道德水平和面对王朝灭顶之灾时的利己性反应，都让道德保守主义者感觉到，一定有什么东西大错而特错了。他们认为，正是最初的变法派打开了洪水之门，因而其必须对所有的错误负责，和其追随者同样有罪。变法的效能值得质疑，不仅如此，强调事功导致社会风气流于投机取巧，甚而至于肆意欺上瞒下、化公为私。

道德保守主义者相信，只有在政府中树立礼义廉耻才能激发和培育维护帝国一统所必需的广泛支持。只有通过在官僚中开展公共利益讨论，在文人中培养行为方式的榜样，得到普通百姓的回应，才能逐渐陶冶、养成良好的道德观念。12 世纪，有一句话流传甚广，说宋朝初年的良好秩序仅靠半部《论语》就得以建立。①

但是，道德保守主义者也认识到自己更擅长理论而非实干。正如赵鼎所言，在君子与小人的斗争中，小人更易取胜，因为他们为达到目的、反对君子可以无所不用其极。更客观地说，权力的追求者最明白该怎样在权力政治中取胜，而谦谦君子却面临两难之境——如果按照权力游戏的规则去做，就必须不时放弃自己的原则，从而失去自我；但如果不这么做，就会丧失权力。这就像博弈论中的"囚徒困境"（prisoner's dilemma），应战者总是前景暗淡，而挑战者却过得不错。

赵鼎掌权时，两派之间在人事问题上明争暗斗。赵鼎宣称他

---

① CCTWC，卷 1 之 9；洪业：《赵普以半部〈论语〉治天下》。

会不论政治、社会和人际关系选拔高尚的人。事实上，为了消除派性、提高士大夫的道德水平，他也严格坚持这一政策。[1] 但是，赵鼎也有自己的偏好，两个例子就足以说明这一点。为皇子选老师是一个关键，因为它决定着这个年轻人现在受何种思想的影响，而这一点对未来具有政治意义。赵鼎推荐的第一个老师是程学学派的朱震，此人随后便发起了儒家正统宣言，并反对秦桧的议和。[2] 其后，赵鼎推荐具有类似学术背景的范冲做皇子的又一任老师。范冲还受命修改有关变法和反变法的颇具争议的国史记录。[3] 他是赵鼎的儿女亲家。显然，赵鼎之所以选择这两个人，至少也是因为他们和自己有着相同的政治立场。当然，没有人指责赵鼎惯搞裙带关系，但是，恐怕也很难否认赵鼎有时会凭个人好恶行事。至少，他很难向反对派证明自己毫无派性。至多可以说，在赵鼎的人事观上，政治和社会关系不起决定性作用，然而思想和学术关系则占有相当重的分量。而对于他实用主义的对手来说，这一切便足以构成朋党。如果获得承认，儒家正统地位就意味着权力，掌握作为现实政治的影子指南的历史记录的作用是同样的。那些反对其思想—政治倾向的人坚持说，他们不希望程学"惑乱国家"。[4]

在诸如宋金相对地位以及与之相关的战与和等重大国事议题面前，赵鼎坚定地坚持自己的信念，即使皇帝也无法让他改变。他信念的基石是坚信天下只有一个皇权、地上只有一个至高无上

121

---

[1] CCTWC，卷4之8。

[2] CCTWC，卷3之7、卷8之19、卷9之21—22；SS，卷33；SYHA，卷37之45、卷43之51。

[3] CCTWC，卷4之24、卷8之18；HNYL，第1248、1289—1290页；《皇宋中兴两朝圣政》，第1173页。

[4] CCTWC，卷8之17—19；《皇宋中兴两朝圣政》，第1123页。

的统治者。在真命天子至高无上的原则上，他不能想像任何妥协。这一道德原则使国家成其为国家，否则国将不国。安全也不如这一原则重要。但是，他改变不了讲求实际的皇帝的想法。对高宗来说，安全总是第一位的，即使名义上承认女真是宗主、大宋是其附庸，暂时牺牲体统脸面也在所不惜。

122　　总结赵鼎政治风格的主要特点是个讨巧的办法，因为，这些特点在很大程度上普遍适用于保守主义者。它们同秦桧的追随者和其他擅长权力政治的官僚的政治风格形成鲜明对照。道德保守主义者赵鼎精于批评而拙于策略。他在理论上是雄辩的，却不善将理论付诸现实以求证明。他善于改善行政，但在处理微妙事件和探究新转变方面不够随机应变。他努力进行公平的人事选拔，却没有留心寻求盟友、培植支持者，以保护自己的地位。在国家的大政方针上，他表现出伟大的品质，总是坚决果断，从不为取悦皇帝而折腰。他的忠诚针对江山社稷，而不针对皇帝的某个错误决定。

从巅峰到谷底

当战争遭遇和谈危机时，赵鼎以道德保守主义原则为基础治国的决心受到了终极考验。当时，张浚已经解职，赵鼎重掌大权，秦桧是他之下的另一名宰相。如果赵鼎认为他的平和"缓进"的行政改善政策会带来稳定，那就犯了个可悲的错误，因为，敌人的决定和朝廷中的敌对情绪都不容许他的政策成功。

1138 年，女真人的姿态发生剧烈变化。出于国内原因，他们希望和平，至少是在一定条件下的和平。① 秦桧一直都在盼望女

---

① HNYL，第 1894、1898 页。

真人会抛弃傀儡政权同宋朝讲和,高宗皇帝自己也曾经向女真人传递过类似消息。① 最终,女真人自己走到了这一步。秦桧蠢蠢欲动。因为保全了宰相的地位,他曾经向赵鼎假作感激。现在,为了进行和议,他必须除掉赵鼎。②

是否媾和,怎样对付女真人的要求,事关重大。赵鼎错误地建议征询诸将的意见,③因而惹恼了一向对武将的忠诚持怀疑态度的高宗。就在此时,秦桧(此人已经准备实施计划剥夺诸将手中的兵权)④开始暗中煽动对赵鼎的间接抨击,以此来诋毁他。⑤但是,表面上还看不出任何裂痕。既然皇帝坚持要进行和谈,作为忠诚的大臣,赵鼎也便保留了自己的意见。

当女真使节到达朝廷时,按照外交礼仪的要求,赵鼎彬彬有礼而不失尊严地在官邸接见了他们,并尽职尽责地不让皇帝作为个人接见他们。⑥ 和谈的差距在缩小,但还不到下结论的时候。宋朝派遣一位使节到北方去,就某些具体细节进行进一步的讨价还价。在一次气氛紧张的会议上,应使节的请求,赵鼎诸条作了指示。简单地说,这些指示包括:宋朝愿意付出每年 25 万两银和相同数量的绢作为岁币;宋朝归还北方流民和其他几项同等重要的要求是可以讨论的;宋朝的外交官可以根据自己的见解作出某些妥协。

接下来的两项议题事关重大,赵鼎指示这位使节宁可和谈破裂,也不要屈服于敌人的压力,作任何妥协。第一项是边界问题。

---

① HNYL,第 1782、1924 页。

② CCTWC,卷 8 之 24。

③ HNYL,第 1900、1932、2029 页。

④ HNYL,第 1943—1944 页;SSCSPM,第 723—724、754—755 页。

⑤ HNYL,第 1954、1967—1968、1970—1974 页。

⑥ HNYL,第 1945—1947 页;HTC,第 3197—3202 页。

必须划定在黄河沿线，特指其旧道，而非如金人所要求的往南到它在战时因洪水而形成的新河道。赵鼎解释说，在这个问题上拒绝妥协，是为了确保中原腹地和西部高原的安全。第二项是地位问题。宋朝"绝对拒绝接受女真人的封拜仪式"或任何其他"解除或危害皇帝至高无上的头衔"的仪式。赵鼎指示宋朝的使节要寸步不让。①

考虑到两国之间的军事僵局，赵鼎并不绝对反对和谈。但是，他所信奉的原则要求他必须仔细掂量谈判条件。他全然没有意识到皇帝迫不及待地想要和平，在这两项议题上根本就不可能遵循他的原则。他也许没有意识到，自己正在失去皇帝的信任。赵鼎被突然解职了。独居相位的秦桧照单全收了女真人开出来的条件，迅速结束和谈，②并通过解除大将兵权来取悦皇帝。③

解职之后，赵鼎被再度任命为绍兴知府。一位友好的御史抗议道：不久前，朝廷十万火急地将赵鼎召来，为什么？他又被如此匆忙草率地解了职，又是为了什么？解职后，为什么不将赵鼎以某种方式留在皇帝附近，以备咨询？④ 在这个时候，不仅这位抗议者，其他许多官员都没有看出来，赵鼎的对头秦桧会很快给皇帝奉上边境的和平、国内的安宁，以及摆脱了赵鼎冥顽说教的宁静。⑤

如果赵鼎明白离开朝廷便意味着他的政治斗争的终结，也就

---

① CCTWC，卷 9 之 1—4；Franke："Treaties Between Sung and Chin"《宋金和约》）；HNYL，第 1955 页；HTC，第 3183 页；《皇宋中兴两朝圣政》，第 1449—1450 页；沈起炜：《宋金战争史略》。

② 朱熹：《朱子语类》，第 5047 页，他在此承认宋朝不可能赢得战争。又参见 SS，卷 360 之史评；SYHAPI，卷 44 之 4；王明清：《挥麈录》，第 282 条。

③ HNYL，第 1974—1975 页。

④ HNYL，第 1982、2007 页。

⑤ HNYL，第 2098、2123、2197 页。

不会一错再错了——他个人的灾难才刚刚开始。在绍兴,他听到和议与大赦的消息。出于永恒不懈的忠诚,他上章报告地方士大夫和老百姓中间存在着严重的焦虑,担心皇帝会懈怠,会相信不可靠的女真人。[①] 这封奏议没有得到朝廷的任何回应,却传来了几个御史的抨击弹劾,说他对和平毫无贡献,却为了保全自己看似无可指摘的贤相名声而溜之大吉。逃避责任,是为不忠;欺世盗名,是为不诚。[②]

赵鼎立即请求退休,但未获批准。此时,朝廷正希望通过在内政中树立良好形象,来弥补对外和约中的屈辱。让皇帝在士大夫中获得欢迎的一个办法,是表彰他们的领袖。就这样,每一位前任宰相都被任命为一地的知州。因为秦桧不愿意让他的对头离首都太近,赵鼎被调往福建南部的泉州,尽管他以年老、不堪旅途劳顿为由加以婉拒。[③] 这些知州没有一个能够久在其任。至于赵鼎,很快因在赴任途中使用了几百名地方兵卒而遭弹劾,被剥夺了高级名誉头衔。[④] 第二年,也就是 1140 年,他被投闲置散。在绍兴闲居的日子里,他又遭到"与门下党与"往来于首都和家乡之间的指控,并因此被放逐到兴化军(今莆田)居住,这一次又是在福建。[⑤]

同年的晚些时候,女真人在一位篡位者的率领下打破了刚刚签署的和议,重新开始进攻。赵鼎曾说过的女真人不可靠的预言应验了,而这只会让秦桧可能还有皇帝对他感到愤怒。颇具讽刺

---

① CCTWC,卷 3 之 27—28。

② HNYL,第 2011、2348 页;PMHP,卷 204 之 1、卷 204 之 4。

③ CCTWC,卷 4 之 10—11。

④ HNYL,第 2067、2097、2102 页。

⑤ HNYL,第 2162、2194 页。

意味的是，赵鼎被流放到更远的南方，先是潮州，而后是漳州，这两个地方都在广东和福建的交界处。他被指控的罪行是听到敌人再度入侵消息时表现出自豪和欣喜。① 大约就在同时，赵鼎的朋友、战将岳飞被囚禁致死。②

一系列章奏又把新的罪名叠加在赵鼎头上。朝廷虽然还没有正式提出指控，但是已经不接受赵鼎在回应奏章中所作的驳斥和辩护。第一，他被指控接受了岳飞将军所赠的一份 5 万两白银的礼物。赵鼎说，虽然已经死无对证，但是如果真有其事，那么，搬动这么重的一包现银，应当有目击者可以做证。可是，却不存在这样一个目击者。第二，赵鼎被控告从他前任任所上贪污了一笔数目不大的钱财。考虑到赵鼎能够对自己在任期间的所有行为一一交代清楚，这件事又是毫无证据。第三，他被指控收受了一位宗室的礼物，此人是他和岳飞的朋友。赵鼎承认确有这些礼物，它们是十瓶酒、一些鱼和野味，而且他已经投桃报李。第四，赵鼎被指控阴谋恢复高位。据赵鼎所说，事实是，一些小人曾经故意引诱他说出那样的话，而他并未上当。③

还有更厉害的攻击。他们声称，在北宋灭亡之际，赵鼎在女真人扶立的第一个傀儡政权中表现积极。重新归宋之后，他又扶植同党做皇子的老师。然后，他们又旁敲侧击地说，正是在赵鼎的怂恿下，岳飞将军才请求皇帝立这位皇子做太子。而对于武人来说，这么做实在太出格了。最后，但绝非最无关紧要的，政敌们声称，赵鼎和他的朋友张浚搞了某种见不得人的，甚至可能是叛逆的阴谋。这些指控合起来凑成了一幅自始至终都是不忠诚的

126

---

① HNYL，第 2196、2223 页。
② HNYL，第 2298—2303 页；SSCSPM，第 723—726 页。
③ CCTWC，卷 9 之 17—22。

阴谋家的形象,存心要粉碎赵鼎品格高尚的儒者形象。为了辩护,赵鼎搜集了所有的具体事实,将每一项反对他的指控一一击破。① 但是,从朝廷传来的迹象表明他仍然遭受怀疑。

稳固的和平最终在 1141 年出现。在反对和议就是对国家不忠的借口下,朝廷加紧了对仍然健在的主战派的迫害。庆祝和议的大赦将处于放逐之中的赵鼎排除在外。② 1144 年,迫害蔓延到那些据报同像赵鼎这样的贬居官员有联络的人身上。③ 赵鼎本人被流放到崖州的吉阳——孤悬在南中国海中的海南岛的南端,理由却是含混不明的,说他利用自己的追随者"阴怀向背"。既说是"阴怀",便不再需要任何确凿的证据来证明。一个多么狡猾的指控!④

最后,赵鼎对他的儿子说:"秦桧打定主意要杀我。我死了,你和家人就无须再担什么心了。不然,整个家族都会被毁。"⑤ 1147 年,就在那个最为荒远的流放地,赵鼎不食数日而死。在他悲剧性的死亡之后,他的儿子又遇到了一连串麻烦。一些低级官员被控和他交结谋反。政府下令追查。赵家在绍兴的宅子遭到了突击搜查,原指望找到一些可为罪证的文字,结果却什么也没找到。⑥

到这个时候,人们知道官方不喜欢程学。⑦ 在高宗统治时期,总体上,程学在朝廷中被称为程赵之学。⑧ 打垮了作为官员

---

① CCTWC,卷 9 之 14—17、卷 9 之 22—23;SS,卷 361。

② HNYL,第 2368、2431;PMHP,卷 212 之 4。

③ HNYL,第 2372、2445 页。

④ HNYL,第 2491、2514、2531 页;PMHP,卷 213 之 2。

⑤ HNYL,第 2537 页;HTC,第 3375—3376、3468 页;PMHP,卷 216 之 1—3。

⑥ HNYL,第 2616、2760 页;HTC,第 3411、3460 页;岳珂:《桯史》,第 134 页。

⑦ HNYL,第 2453、2512 页。

⑧ HNYL,第 2703—2704、2723 页。

的赵鼎之后，秦桧掉转头又想玷污作为学者的赵鼎。然而，皇帝为赵鼎说了情。他解释说，朝廷所反对的是任何一个特殊学派的独霸，不管是程是赵还是其他的某人。[1]

127   1156 年，权相秦桧死后一年，朝廷发布了我们在第五章中曾经提到的一系列平反命令，采取了和解手段。[2] 赵鼎被恢复了死后哀荣，他的后代也享受了大臣子嗣应得的恩荫特权。[3] 朝廷还召唤赵鼎的门生，要授之以官，但来的只有三个人，这说明赵鼎从来就没有一个学派或是庞大的追随者集团。[4]

赵鼎的身世在许多理想主义知识分子，特别是道德保守主义者的头脑中留下了难以磨灭的印迹。他分担过皇帝海上之旅的危险，为巩固长江三角洲地区作出过杰出贡献；他扑灭了江西的匪患，重组了长江中游的兵力；是他建议皇帝对敌人的再度入侵进行亲征，并实现了建立稳固沿江防线的战略，是他修复了张浚所造成的损害；他将个人的异议保留在心底，仔细叮嘱宋朝的和谈使节什么是必要时可以让步的，什么是永远也不能放弃的。他的履历中包含着一长串光彩熠熠的珍珠。这还不是全部，赵鼎还促进了学术和学人。但是到了最后，朝廷忘记了大部分的贡献，把美德扭曲变幻成恶行。他遭到放逐、流放，他悲剧性的结局——实质上的自杀，毋宁说是以不断的精神折磨而进行的谋杀。在所有这一切当中，哪里还有什么公理正义！

根据儒家的最高道德标准，一个忠诚的大臣对皇帝负有绝对

---

[1] HNYL，第 2847 页。

[2] HNYL，第 2770—2775 页。

[3] HNYL，第 2806、2838、3122 页；HTC，第 3473 页。

[4] HNYL，第 2881 页。

义务,必须尽忠职守,甚至包括贡献自己的生命;不盼望回报,也毫无怨言。但是,在实际上,没有多少儒家相信忠诚的美德应当是如此的一厢情愿。再说,在他们看来,赵鼎的长期努力却没有产生或是留下任何恒远的东西,是一个巨大的遗憾。他教育、改造士大夫的理想仍然没有实现。官场风气和学术空气依旧在败坏下去。赵鼎的后来人无法逃避这个问题:这种斗争有意义吗?

一个问题浮现在喜欢刨根问底的知识分子脑海中:这是怎样的一个政府呢?它竟然允许如此肆无忌惮地残害如此忠良的官员?但是,传统、习俗、法律还有现行政策都绝对不允许此类问题 ^{128} 浮出水面,不允许任何人言有所指,更不要说大声疾呼了。因为,借用一个西方的寓言:皇帝没穿儒家的衣衫。

在悲哀和困惑中,许多知识分子不可自抑地转向内省和回顾。他们的著述清晰揭示,内省让他们将更多的注意力倾注在自我修养上,而较少关注国家大事。回顾则让他们相信儒家理论根源当中存在一定的缺陷,而这些缺陷应当通过强调儒家更好的方面来加以弥补。这些好的方面是作为基础的形而上学、学以致知以及非精英主义的公众教育。只有成功地建立了道德社会之后,他们才有可能给国家注入新的动力。从南宋中叶开始,这种观念成为最主要的文化和思想浪潮,并持续了几个世纪。

与此同时,一些知识分子还是会去当官。他们又能说些什么?尽管无法明言,但他们明白,这是一个时常会堕落成绝对独裁的专制国家。至高无上的专制君主是唯一的关键。如果能给皇帝注入新的动力,他就有可能改变政府。这就是伟大的新儒家朱熹教导皇帝治国在于齐家、齐家在于修身、修身依靠正心诚意的奥妙。皇帝必须正其心，诚其意。① 不是潜研儒学的人也许会觉得这样的教导与国事无关，但是，作为早期道德保守主义者的继承人，新儒家相信，当任何可以设想的制度改革和其他措施都不能治愈专制主义的病症时，这才是纯正的儒家救弊良方。

---

① 见《大学》，James Legge 译，第 6—9 章。

第三部分

新儒家成为正统：得不偿失的胜利

第七章 道德挂帅的新儒家：从争论、异端到正统

通向改革大道的门紧闭着，中兴之主关上了它。和许多士大
夫一样，道德保守主义者在其中起了推波助澜的作用，但是，他们
也未能开启通向道德改良的大门。这些在政治上饱受挫折的知
识分子的前途又将如何？几十年之后，在世纪交会之际，儒学的
古老根须上成长出一株粗壮结实的全新枝丫，它在形而上学和先
验论方面均达到了相当的高度，其影响还渗透到日常生活领域。

它重新定位了儒家文化遗产，使之重获生机，因此，后来的耶
稣会士名副其实地将它定名为"新儒学"。然而，在其形成过程
中，人们曾经从不同的角度出发，赋予它不同的名称。在北宋，它
有最杰出的先行者程颐；在南宋，它有集大成的领袖朱熹，人们因
此称之为"程朱学派"。它自诩为唯一正宗的道统，因此，又被称
为"道学"，意为道或正确道路学派。这个批评者出于嘲讽目的生
造出来的名称，后来却被忠诚的信徒所接受。它相信"理"——意
为原则或理性——充盈于天地之间，无时无处无事不在，这构成
了它的形而上学基础，因此，它又被称为"理学"。为与其先驱道
德保守主义者相区别，本书将该学派的信徒称为道德先验论者。
总体而言，不同名称之间的差别无关宏旨，一般可以通用。

关于这一伟大学派的哲学思想，通行的中国历史、思想史著
作已经有全面而充分的叙述，在此无须重复。然而，多少令人遗

憾和惊讶的是，此前的论著从未留意如下现象：这个学派本来只是一批少数派知识分子的苦苦挣扎、努力奋斗，但是，其学说最终攀升为国家正统思想，占据了庙堂高位。[1] 这一攀升，绝不仅仅是哲学理论发展的产物，政治在一定程度上成就了它，而错打算盘、种瓜得豆的阴谋又将它的发展道路搞得困难重重：一开始是反对派的学说，接着被贴上异端的标签。而新儒家的信徒们却始终顽强地秉持其信念。山重水复疑无路，柳暗花明又一村。随着政治环境的改变，命运的逆转终于赋予它国家正统的荣耀和巨大的社会影响。然而，道德先验论者未能分享政治权力。

分析架构

北宋建立后的长时期内，大多数学者都有官可做。但是，从11世纪晚期开始，训练有素的学者数量超过了政府所能提供的职位数目，矛盾由此产生。职位数量有限，选官标准不断提高，竞争日趋白热化，使得许多举人在考试中求助于各种手段作弊欺诈。[2] 在过分拥挤的官场中，成功地获得了功名的人们激烈地争夺文官职位。政见之别以及其他因素——比如地缘派系、亲戚关系、私人友谊、官官相护、逢迎巴结、个人偏好、裙带关系甚至贿赂——加剧了官场摩擦和人际冲突。一些思想高尚的学者感到

---

[1] 除本章的雏形［James T. C. Liu（刘子健）："How Did a Neo-Confucian School Become the State Orthodoxy?"（《新儒家学派是怎样成为国家正统的?》）］外，还可参看 Julia Ching："Truth and Ideology：The Confucian Way（Tao）and Its Transmission(Tao-t'ung)"（《真理和意识形态：儒家的道和道统》）；Schirokauer："Neo-Confucian under Attack：the Condemnation of Wei-hsueh"（《遭到打击的新儒家：伪学之禁》）。

[2] 刘子健：《宋代考场弊端》。

既困惑又憎恶。特别是从 12 世纪起,不少饱学的知识分子在经历了短暂而不愉快的官僚生涯之后,便宁愿闲居不仕,将注意力转向思想、哲学和教育,站在当权派旁边,指点江山。

金朝在北方的继续存在成了许多知识分子心上的一块伤痛。勇敢无畏如陈亮者,鼓吹进行军事改革,为收复北方做准备,但丝毫不见成效。高宗退位后,1163—1164 年,其继承人孝宗果真主动对女真人发起进攻。尽管宋朝并未获胜,这场战争却使和约条件得到改善。南方的统治者重新获得了自称皇帝的权力,给女真人的岁币也减少了 5 万两、5 万匹,但是,南宋也不得不放弃了某些边境领土。和议之后的大约 70 年里,南宋与女真帝国之间的僵局成了稳定的政治现实。许多知识分子将这种和平视为奇耻大辱,不禁深刻反思:究竟什么地方错了? 为了让宋朝强大,该做些什么? 道德先验论者积极地重新阐释儒家经典,提倡坚持经由其阐释发挥的儒家原则。这个群体还算不上一个朋党,在政治上也并不活跃,但是,当它开始扩展其影响并批评当权派时,那些大权在握的人还是将它视为一个潜在威胁。他们运用官方力量直截了当地给这个"正确道路的学派"贴上了"伪学"的标签,并在科举考试中禁止它。"伪"隐含种种意味,比如导向错误、欺骗性、伪装、假冒、伪造和扭曲等等。然而,这次查禁是短命的,只从 1195 年持续到 1202 年。一旦查禁被取消,这个学派便逐渐赢得了更为广泛的承认和声望。到 1240 年,它终于被赋予国家正统的荣耀。人们不禁要问,这个急转弯是怎样发生的呢?

下述分析框架可以帮助我们理清头绪。儒教国家是两大指导因素相互作用的产物:儒家思想意识权威和国家权力。在某些方面,两大因素互相重叠、共同作用;但在另外一些方面,它们常常互相矛盾。① 坚定维护思想意识的知识分子通常会以某种方式远离国家权力的运作，将兴趣、关怀转向更为广阔的世界，并由此同热衷于国家权力、主张机构至上的官僚划清界限，甚至唱对台戏。② 在实践其理想的过程中，这些知识分子发展出一种与统治阶级的通行规范截然有别的生活态度。

134

随着学术的进步、民间知识分子数量的增长，以及思想意识关怀的日益深化，两种倾向之间的两极分化也在不断加剧。③ 当各派别为思想意识权威发生争论，当一个反对派的学派在某些友好士大夫的支持下要求成为正统，这种分化也发展到一个关键性的阶段。公开的辩争已无法避免，政府不得不在三条道路中作出抉择：第一是接受。承认其中的一派超出群伦，正式承认其正统地位。通常，随之而来的，便是一场政治改革或部分国家权力的稳健重组。第二是压制。压制的短期效果立竿见影，最终却适得其反。一方面，知识分子和与当权派对着干的可敬的学者们社会影响深远，国家权力还没有神通广大到足以将其连根拔除的地步。另一方面，单纯依靠权力来压制公认的儒家思想会损害国家自身的形象。在接受和压制之间，存在着第三条道路：通过错综复杂的运作进行调和，将有名望的反对派作为新鲜血液吸收进官场，表彰其理论；但到此止步，不进行任何改革或重组。那些已步入官场的反对派则将被迫遵循制度常规行事，只能在诸如礼仪、考课、草诏拟敕等有限的范围内实现其部分理想，根本无法介入军政、外交、财政、决策层职位的任免等关键性领域。

北宋朝廷选择了第一条道路——接受王安石的新学，实施新

---

① Nivison 和 Wright 编：*Confucianism in Action*（《行动的儒家》），第 22 页。

② 刘子健：《儒教国家的双重性格》。

③ 当代美国知识分子中存在相似的现象，请阅 Kenneth Keniston 访问录，*New York Times*，1971 年 2 月 7 日，第 Ⅵ 版，第 12 页；及其答书，*New York Times*，1971 年 2 月 28 日，第 Ⅵ 版，第 4 页。

政，重组政权。南宋起初采取第二条道路，对道学采取禁止态度，而后从压制转向调和，转向第三条道路。那么，为什么会发生这样的转向？问题的答案存在于道学理论的内容，存在于道德先验论者传播其理念的方式，存在于士大夫对于鲁莽灭裂的压制手段及其后果的反弹。 *135*

道德先验论者自命正统

许多理想主义知识分子既为北宋悲剧性的覆亡感到悲哀，又为南宋的处境感到屈辱，他们开始意识到：传统的儒家教化失败了，①其中一定漏落了某些最紧要的东西。果真如此，那究竟是什么呢？②

朱熹及其同道从五位北宋哲学家的著作中找到了答案。这五位哲学家是周敦颐、邵雍、张载、程颢及其弟程颐。大师们的贡献主要在形而上学领域，而这并非当时知识界的兴奋点，因此，他们在生前以及死后的短时期内均未产生太大影响。③ 朱熹及其同道认为，忽略形而上学理论正是那致命的错误。儒家道德哲学需要广阔的宇宙论基础来诠释经典，有效应对佛道两家特别是佛家的挑战，吸纳非儒家思想，将其整合为浑然一体的系统哲学，从

① 《宋会要辑稿·崇儒》卷 2 之 14。又参见荒木敏一：《宋代科举制度研究》；钱穆：《宋明理学概述》；麓保孝：《北宋儒学的传播》；夏君虞：《宋学概要》；Lee: "Life in the Schools of Sung China"（《宋代的学校生活》）和 *Government and Examination in Sung China*（《宋代的政府和考试》）；刘子健：《略论宋代官学》；寺田刚：《宋代教育史概说》。

② 朱熹：《朱子语类》，卷 107，第 4306 页；卷 128，第 4975—4976 页。有关朱熹观点的深入浅出的分析，见钱穆：《朱子新学案》。

③ 王偁：《东都事略》，这部权威性的宋人著述，将所有重要哲学家的传记收入第 114 卷，唯独漏下邵雍，将他等而下之，置于次卷。又可参见 Winston Lo: *The Life and Thought of Yeh Shih*（《叶适的生平和思想》），第 163 页注 40。

而重新规范价值体系。为实现这一理想，真正的儒者必须反躬自省，对万事万物——物质世界、社会关系和宇宙进行观察思考。这种方法并不排斥政事，但将其置于次要地位。

朱熹学派发展了"理"和"气"这一对概念，"理"指存在于万事万物之中、永恒不变的非物质性原则，它赋予万事万物以形；"气"是物质性力量，它使万事万物呈现千差万别的实际面貌。此外，第三个概念"道"或道路，一向是中国哲学各流派的核心，新儒家也不例外。儒家自古便相信"道"是一种充盈于天地万物之中的内在原则，新儒家则强调该原则绝非神秘莫测，而是与人本身、人的本质、社会关系的全体以及整个宇宙息息相关的，"道"由此得到升华。对于新儒家来说，①最重要的便是认知"道"，不懈地循"道"而行，使自己更为高尚，让"道"流行于天地之间。教育因而具备了前所未有的深刻含义，成为觉悟普遍规律、感知自然世界、认识人类社会的手段。只有通过严格的自我修养，一个人才能使自己修成道德的"正果"，使他人幸福，并因此促进道德进步的广泛出现，使中国焕然一新。按照朱熹乐观的估计，再过 50 年左右，一个真正儒家社会的黎明便将到来。②

这一信念鼓舞道德先验论者怀着迫切的心情和近乎宗教的虔诚孜孜不倦地从事教育活动。他们从失败的改革、破落的官学和王朝灾难的残骸上站起来，向着更美好的生活破浪而前。道德先验论者所教授的，实际上是道德养成的新方法，它比政策制定更具基础性。他们说，这只是从正宗的远古教义中涌动出来的一波新浪，它来自数朝古都洛阳。佛、道二家都喜欢在那里进行思

① William Theodore de Bary 教授、陈荣捷教授和其他哥伦比亚大学新儒家研讨班的同人经常使用"道德先验论者"(transcendental moralists)一词。
② 朱熹：《朱子语类》，卷 108，第 4336—4337 页；卷 129，第 5011 页。

想辩论,在北宋,洛阳是主流文化的中心,并机缘巧合地成了这一学派先驱者的故乡。尽管洛阳已经落入敌手,但是,援用它的名字便意味着否定女真人对儒家传统的继承权,这中间也许还包含着一种心理补偿的意味。

然而,洛阳的声望还不足以证明其学说就是原汁原味的儒学。从"道"出发,他们又向前迈进一步,强调"道统"的概念,即正统的合法传承谱系。① 这是一个双重的借用:一方面,借用了历史编纂学当中的"政统",即王朝之间的合法继承关系;另一方面,借鉴了佛教,特别是禅宗中祖师向继任者传衣钵的行为。朱熹学派宣称,儒家经典教义最初由圣人传给孔子,孔子传其孙子思,子思传给他的学生孟子。接下来,由于没有适宜的传人,出现了一个漫长的中断期。这一观点发端于唐代的韩愈,但当时未被广泛接受。道德先验论者认为,是五位北宋的先驱重新找到了正统并激活了传承血脉。

各派对待正统问题的态度大相径庭。例如,当时的另一重要学派,以陆九渊为领袖的心学就对传承谱系毫无兴趣。朱熹学派自诩为唯一合法的正统,这让观点各异的其他儒家派别觉得实在是自命不凡,或者干脆就是荒谬不经。一些学者对他们翻来覆去地使用"道"这个词十分反感,送了一个讥讽性的诨号"道学",意思是沉溺于"道"的空谈。但是,自我感觉良好的道德先验论者毫不在意。颇让命名者意外的是,这个诨号后来竟成了尊称。②

137

---

① 钱大昕:《十驾斋养新录》,卷 18 之 426;HNYL,第 1660 页;Winston Lo: *The Life and Thought of Yeh Shih*(《叶适的生平和思想》),第 212—215 页。

② 孙应时:《烛湖集》,卷 6 之 3—4;SYHA,卷 14 之 14、卷 14 之 62;杨时:《杨龟山文集》,卷 2 之 7。

思想的传播与道德的结合

从学术的角度看，道学的确在不止一个方面要比其同时代的竞争者高明。而它之所以臻于显位，在很大程度上要归功于该学派对传播的倾力投入。① 人们可以从《宋元学案》的记载中重新拼合出该学派大师们的活动图景。不错，这部书对该学派是有些偏爱，并忽略了存在于稗官野史中的琐细而个人化的批评；但是，它又是可靠的，因为它明确地记录下该学派的方方面面，使我们可以清晰地看到什么是该学派中新兴而有力的一面。②

道学之为学，其教学无固定的时间局限。在闲居中、在旅行中甚至在流放中，大师们解答着弟子、友人、访客和自己所提出的问题。③ 他们向人们——主要是文人和富人——建议该有怎样的行止，该怎样进行修身，怎样改正错误，怎样齐家，怎样恰当地遵行礼仪。简单地说，他们提高了个人和群体在家族和社区中的德行。④ 朱熹及其同道吕祖谦（1137—1181 年）将多位作者有关此类话题的文章编辑成书，名之为"对身边事物的思考"（《近思录》）。⑤ 这意味着什么？那便是"与具体而微的生活息息相关"，
138　它代表着一种方法，即将世间万物与普遍原则相联系，将儒家理

---

① SYHA，卷 12 之 86、卷 38 之 55。

② 晚宋周密（1232—1298 年）曾对朱熹学派有所批评，见他的《齐东野语》，卷 11 之 7—8 和《志雅堂杂钞》，卷 1 之 36—38。两部著名的杂钞引录了周密的说法。潘永因编：《宋稗类钞》，卷 6 之 34—35；丁传靖编：《宋人轶事类编》，第 878、891 页。又可参见 SYHAPI，序之 65。

③ 朱熹：《朱子语类》，卷 116，第 4505 页；SYHA，卷 8 之 85。

④ 李心传：《道命录》：卷 2 之 3—7；SYHA，卷 8 之 60、卷 8 之 85、卷 11 之 54—55、卷 11 之 107、卷 12 之 79—80。

⑤ 朱熹、吕祖谦辑：《近思录》，Wing-tsit Chan 译。

想诉诸寻常日用，从而建立融为一体的生活之道。这种融合之道使得道学成为一种广具号召力的体系。

道德先验论者试图打破阶级樊篱，将新思想的精神注入整个社会。该学派大多数从事深思潜研的信徒出身于富裕家庭，却不一定来自精英阶层，有些人的社会出身则相对卑微。[1] 许多大师经常为社区民众开办公开讲席，参加者不分高低贵贱。相形之下，在许多官学当中，品位低微的教谕之官却教不出什么东西来。学生们则像寄生虫一样享受着膳宿、廪禄以及诸如半官员地位、免除赋税劳役等特权，对学术毫不关心。这些学校活该受到谴责。教育的领导权自然而然地转移到民间知识分子，特别是道德先验论者手中。

通过从12世纪晚期到13世纪早期的积极鼓吹，道学教义传布开来，首先在帝国的经济、政治中心区域——大致相当于今天的浙江、江西和福建——拥有了大批追随者；而后其影响又扩展到今天的湖北、四川、湖南，后者一度是文化的边缘地带。[2]

道学支持者的推广努力不断升级。他们投身于地方福利机构，帮助建立与本地有关的儒家先贤的纪念堂。这些祠堂绝不仅仅是装饰物，它们有助于提高当地人的自豪感，不断地提醒人们要遵行道德准则。他们还投身于学校的建设，令人瞩目地推动了教育的发展。许多大师重新组建了现有学校，还有一些大师为行将倒闭的官私学校赢得充足的资金，使之得以重振。这些行为当然都须仰赖私人捐赠，并且还应得到地方政府的赞成。作为前

---

[1] SYHA，卷8之90、卷9之25、卷9之126、卷11之51、卷11之98。

[2] SYHA，序之5—6、卷8之21、卷8之28、卷8之44、卷8之79、卷9之8、卷9之44、卷11之86、卷16之20、卷16之27；叶鸿洒：《试论宋代书院制度之产生及其影响》。

提，大师们必须获得本身同为儒者的地方精英和官员的尊敬。①

在教育方针方面，道学所看重的不是藏书丰富的校办图书馆，而是优秀的教师、恰当的课程表，以确保循序渐进地学习。为在学生心目中树立最基本的哲学取向，其教学始于"四书"——《大学》《中庸》《论语》和《孟子》，继之以《礼记》《诗经》和对日常行为具有进一步指导作用的经典，而后才是其他不甚迫切的领域。②

在进行教学和学术推广活动的同时，大师们还得生存。随着声望的增长，拜访者的人数也会增加。偶尔，弟子们会在大师的住处或通过大师的安排在邻近地方住上一段时间。③ 那么，大师是怎样支付这些开销的呢？当时极少有正规的学费，大多数弟子会遵照社会习俗，以送礼来表达敬意。当这些不足以支付所有开销时，④大师要部分依靠来自富裕家族、地方官员、私人友好或外地崇拜者的善意捐赠。再说，道学的大师也不是不谙世故、视钱财如粪土的哲人，他们会从舞文弄墨中获利：书法，写作诗文小品、碑碣铭颂，有时则兼书法与写作于一事，比如给一幅画写鉴定和评论。⑤ 他们还投资土地，让自己的学校印刷书籍以供出售，并向其他行业投资。

这些民间学者和从事私学教育的退闲士大夫的景况说不上富裕。有些人依靠个人和家庭的收入过着节俭的日子，其他人的状况则稍好一些。一些大师在紧邻住所或稍远一些的地方盖有独立的屋舍，通常被称为"精舍"。⑥ 这个词有一段很长的历史演

---

① SS，卷430、438；SYHA，卷8之21—22、卷8之60、卷11之99。
② 张伯珩：《续近思录》，卷9之171；SYHA，卷8之91、卷9之77、卷70之899。
③ SYHA，卷8之13、卷9之126。
④ SYHA，卷11之20。
⑤ 朱熹：《朱子语类》，卷107，第4313—4314页；SYHA，卷8之19。
⑥ SYHA，卷12之79、卷16之48；寺田刚：《宋代教育史概说》。

变过程。简单地说，在远古的贵族时代，它指的是式样精美的书房。在道教信仰流行的时期，这个词指的是一处与世隔离的所在，以供冥想、宗教修行或从事炼金术一类的秘术。佛教从印度传来之后，这个词又被从汉语已有的词汇中选出来翻译 Sanscrit 中的 vihara 一词，意思是宗教修行之所。到了 12 世纪，这个词带着宗教或者说神秘主义色彩重归儒家，用来指"潜心学术的房舍"。这样一所房舍是用来进行深思、潜研、精读和严肃讨论的。精舍的重要特质是它庄重的氛围能够给人一种内省的力量，与古圣先贤相沟通的感觉和与天地之道合为一体的精神。

与大师的贡献相映生辉的是弟子的热诚。他们有的来自邻 140近社区，有的来自远方，甚至是几百英里以外。① 有的长年追随大师，有的在漫长的旅程中与之相伴。② 还有的只进行过短暂的造访，但此后却保持联络。在某种情况下，他们会转而拜访本学派另有专长的其他大师。弟子以外，还有以朋友身份前来切磋问学者。《宋元学案》将这些朋友分为三类：同调、学侣和讲友，其交谊依次递升。③ 讲友相当于英语学术环境中的"discussant"。实际上，对话和讨论正是他们所钟爱的教学方式。④

简言之，道学超越了传统的本本主义的儒家教学范式。它是儒学的一个革新性支脉，强调系统化的哲学，特别是形而上学；强调通过讲授、鼓励提问和讨论进行持续性的教学；强调思想和行为两方面的自修。进一步说，尽管它没有正式而严格的组织，但深浸其中的信徒仿佛加入了一个学术—道德的协会。

---

① SS，卷 428—429；SYHA，卷 8 之 2、卷 8 之 64。
② SYHA，卷 11 之 72。
③ SYHA，卷 8 之 57、卷 15 之 86。
④ SYHA，卷 8 之 60、卷 11 之 12。

不合时宜的生活方式

对学问的过分专注让道学知识分子们陷于片面,阻碍了他们对其他事物的追求。例如,他们视文学为无足轻重的消磨时光把戏,认为耽玩文学会疏离道德责任和自我修养,所谓自我修养指结合实际行为的深思潜研与一日三省。[①] 与 11 世纪的名人们截然不同,他们中几乎没人称得上是杰出的散文家或诗人。因为韵文更便于学习和记诵,有些人为了更有效地与教育程度较低者交流,出版了韵文语录,但是,这些语录的文学质量却不怎么高。[②]

虽然有着崇高的信念,他们的教育方法却是狭隘的,有时甚至会陷入自欺欺人。他们的史学为了强调道德教训,甚至可以置事实真相于不顾。他们认为,汉唐盛世均缺乏正当的儒家取向,因此不值得给予太高的敬意,更不用说其他分裂、衰落时期了。[③] 在儒经的解释与阐述这一特别领域,他们认为,除了那五位可敬的先哲,其他北宋知名知识分子和士大夫虽有种种贡献,却都犯过或私或公的错误,对经典的解释不是离经叛道,就是不够深刻,因此,都只配得到有限的尊敬。然而,道学知识分子虽然在批评前辈方面表现敏锐,但在达成一致方面却动作迟缓。几乎每一位新儒家或者说道学的大师都对儒经提出了自己的解释。这些五花八门的解释,难道每一种都是正确的吗?朱熹曾经感叹某些思想家观点之怪异,[④]当然,他自己绝不在其中。

---

① 顾炎武:《日知录》,卷 16 之 390、卷 19 之 450;SYHA,卷 8 之 79。
② 钱锺书:《宋诗选注》,第 172—173 页。
③ 顾炎武:《日知录》,卷 17 之 392、卷 26 之 590;SYHA,卷 8 之 13—14。
④ 朱熹:《朱子语类》,卷 109,第 4343 页。

道学学派批评科举制度太重文才，将那些在科举中胜出的人贬称为纯文人，即非纯正的儒家知识分子。[1] 文才的确很难反映一个人的潜能、预测未来文官的素质，就此而言，这一批评是可取的，但这是老生常谈。变法派就曾经在科举中以经义取代文才。然而，变法早已引发争论。道学知识分子由此陷入两难之境。既然变法有如此多的弊端，他们不敢再贸然鼓吹类似的改革，[2]但也提不出其他实际可行的建议。唯一可行的，只有推广他们所认可或亲自撰写的解经著作，对考官和考生尽可能地施加影响。换句话说，他们不得不接受现行制度的躯壳，寄希望于由内而生的力量来改变其内质。

道学知识分子的仕宦生涯也同样艰涩。身处其中时，他们总感到疏离。比如，尽管胡安国曾经供奉经筵，但是从他取得功名直到死，在 40 年的时间跨度里，他只有 6 年是积极入仕的，其他时间都处于闲居状态。[3] 朱熹多次谢绝朝廷的任命。除担任若干年的地方官外，他在朝中只干了短得出奇的 40 天。[4] 这一学派的许多知识分子公开表示不愿意担任司法职务，并因此而请求调职，因为他们相信这类职位会削弱自己在道德上的完美。[5] 当反对派抓住他们对官僚生涯的厌恶情绪大做文章，来证明他们的空谈和缺乏行政才干、不称职时，双方的两极分化就越加明显。

怀着坚定的信念和疏离的心态，身为少数派的道学力求创造

---

① 朱熹：《朱子语类》，卷 109，第 4355—4359 页；SYHA，卷 8 之 33。

② 马端临：《文献通考》，卷 32，考 299—305。

③ 王应麟：《困学纪闻》，卷 15，第 1211 页。

④ Schirokauer：“Chu Hsi's Political Career”（《朱熹的政治生涯》）。

⑤《宋会要辑稿·职官》卷 72 之 48；HTC，第 3803 页。

属于自己的身份特征。这主要体现在两个领域：礼仪和行为方式。对他们来说，礼仪的意义远不止仪式或规矩，而是调节人类情感、矫正道德倾向的手段。这一学派的许多学者坚持认为，礼仪的氛围应当严肃而庄重，就像宗教活动一样。他们认为世俗礼仪不够标准，鼓吹恢复古礼。①

道学的行为方式呈现颇为有趣的征象。尽管时过境迁，他们还是向北宋的画像和记录中去追寻那些过时的式样，试图恢复并照着穿戴。比方说，他们在正装时喜欢戴一种顶子尖耸的高帽，在闲居时则好戴一种状似贝雷帽的帽子，外穿宽袍大袖，内着质地精良的白色薄纱衬衫。他们的举止一本正经：坐要正襟危坐；行要缓，不疾不徐，目视前方；作揖要深、要慢；讲话时要高雅庄重，少打手势。② 批评者将这些高雅的行为举止看作标新立异、傲慢自大，认为它不像儒家，倒像是道家。心学的陆九渊说，朱熹的学生不仅打招呼的方式特别，而且措辞也不同一般。③

佛道二家对道学学派的影响是显而易见的。其信徒在退闲之后，往往自称"居士"或"隐君"。而"居士"意为非神职的修行者，是佛教用语，"隐君"则出自道家，意为隐修的君子。④ 再举一例，朱熹在讨论一部观点折中的古代宗教书籍时，曾经说读书就像修炼。⑤ 意思是，真正的学习将使从阅读中得到的有价值的东西内在化，而这种内在化将促进人格的改善，就像化学反应过程一样。然而，道学对于非儒家信仰，包括神秘主义趣味的借重，却

143

---

① 王夫之：《宋论》，卷13，第202—204页。
② 朱熹：《朱子语类》，卷107，第4310—4311页。又可参见朱熹：《伊洛渊源录》，卷4之20—22，卷9之9。
③ SYHA，卷15之36。
④ 马宗霍：《中国经学史》，第112—114页。
⑤ 朱熹：《朱子语类》，卷114，第4456页。

被其敌人所利用，用来攻击道学的自命不凡，否定其儒家属性，将其学术诬为伪学。[1]

失算的"伪学"之禁

1195—1202 年间，道学被官方宣布为"伪学"并遭到禁止。这一切是怎样发生的？[2] 换个角度说：这些多数在政治上并不活跃的知识分子怎么会招致这场浩劫的呢？这是一个令人困惑的问题。许多历史叙述将之归结为又一场党争——中国历史上反复出现的一种现象。这是一种误导。"党"是一个有意识地投入权力斗争的政治群体。然而，研究表明，攻击者除了对道学追随者共同的反感，根本就缺乏团结，而被攻击的一方也没有采取任何协同一致的政治动作。有的只是几个关键官员将道学视为自身权力的潜在威胁，自觉权位不稳。那么，既然该学派的影响是在意识形态和社会领域，它积极的反对派当然能够想得到，要击倒它，最有效的方法便是在学术上宣布它是伪学，在政治上宣布它具有颠覆性。

冲突从南宋初期就已经开始。如前所述，赵鼎偏爱程颐的学说，而其他人包括秦桧却习惯于旧有的方式方法。皇帝不希望出现任何具有分裂性的争论，于是在 1136 年宣布敕令，规定无论科举考试还是政府行政，都不许因学术分歧而产生歧视。这条敕令

---

① SYHA，卷 15 之 38。

② Julia Ching："Truth and Ideology：The Confucian Way(Tao) and Its Transmission (Tao-t'ung)"(《真理和意识形态：儒家的道和道统》)；Schirokauer："Neo-Confucian under Attack：the Condemnation of Wei-hsueh"(《遭到打击的新儒家：伪学之禁》)；SSCSPM，第 867—898 页；SYHA，卷 24 之 25—28；李心传：《道命录》，卷 6 之 7—8。

后来被废止。1178 年,他的继承人重申此令。

道学知识分子倾情投入教育事业,努力传布本学派的学说,却极少积极介入朝廷政争。他们要求排他性的合法正统地位,对当权派普遍采取疏离和批评态度,毫不掩饰地目空一切,这使许多安于现状的士大夫对这一学派逐渐失去好感。个人及政治上的不满累积起来,爆发是迟早的事。最初的遭遇战发生在朱熹和唐仲友(约 1131—约 1185 年)之间,当时二人同在浙江为官。1183 年,朱熹向朝廷奏报检举唐仲友的种种恶行。唐是一位杰出的诗人和学贯经史的学者,而朱熹却用了"看来绝非儒者"等诸如此类的语句猛烈攻击其所谓道德失行。这场攻击在政治上是不明智或者说失算的。对这样一位在学术上享有崇高声誉的著名官员作出如此尖刻的道德评判,不能不令其他在位官僚感到警觉。唐的几位在朝供职的朋友发起反击,他们没怎么去抓朱熹个人的小辫子,而是抓住他所领导的这个特殊学派,以及这个学派不知天高地厚的要求,说这样是为了建立朱熹个人的影响,以便大放批评挑剔之词。朝廷把这场争论看成两个士大夫之间感情用事的假想拳击,反复劝解,终于息事宁人。

反击产生了出人意料、事与愿违的后果,它使朱熹学派在国内名声大振,并同时加速了两极分化。1188 年,朱熹到首都等候升迁,敌人们攻讦他误导从众,制造混乱。结果,朱熹没有得到预期的任命,一声不吭地回去当他的地方官去了。几位杰出的士大夫,包括在争论中态度中立的叶适满怀悲哀地警告说,这样挟私报复地歧视朱熹最终只会导致问题的严重化,其影响面宽则涉及大多数文人,窄也关乎全体知识分子。他们请求,不要把对现存秩序的疏离误读为威胁,不要把学术思想的不同意见误读为治绩中的缺陷,更不要把学术上的追随误读为政治上的颠覆。但不幸的是，朝廷将这些善意的劝告束之高阁。

1195 年出现了皇位继承危机。精神有问题的光宗皇帝（1190—1194 年在位）被迫禅位给自己的儿子宁宗（1195—1224 年在位）。韩侂胄（1152—1207 年）执意除掉素有威望的首相赵汝愚（1140—1196 年），政局由此开始动荡。韩是皇太后的亲戚、新任皇后的叔叔，手握重权。为了诋毁一向官声卓著的赵汝愚，必须寻找某种借口。而赵汝愚曾经推荐朱熹和其他道学学者，指控这个学派正好提供了这种借口。赵汝愚被指控阴谋扩大道学影响，遭到放逐，该学派也被煞有介事地斥为伪学，就好像它真是一个"党"一样。

一小撮投机取巧、德行有亏的士大夫为虎作伥，在韩侂胄的怂恿下，连上奏章，编造说道学的追随者常常中夜聚会，在神秘的氛围中倾听怪异的教义，衣着怪诞，崇奉本派的领袖而蔑视其他士大夫，试图通过朋友的影响在科举中猎取前名，并试图影响朝廷政策。这样一来，这个学派听起来倒真像是一个颠覆性的宗教派别了。在上述指控的基础上，韩侂胄将这个稻草人钉上了十字架。朝廷下令，每一个举人都必须书写誓词，声明自己与伪学绝无瓜葛。但是，谁又能担保他年长的老师中没有一人曾经属于那个学派呢？一年以后，1197 年，朝廷公布了一份 59 人的名单，宣布他们是被禁止的伪学的领袖。

有几点相当明显。第一，为实施这项查禁，各种步骤前后共耗时两年。第二，即使如此，除了一些个人对掌权者偶尔的批评，仍然未发现任何证据，可以证明该学派采取了任何政治举动。那 59 名批评家的只言片语所造成的影响根本就无法构成威胁。第三，对个人的惩处手段有天渊之别。名气最大的朱熹没有受到任何严厉的刑罚，只是被免官了事。而蔡元定，一位从未入仕的民

145

间学者却遭到流放。原因是，朱熹在士大夫群体当中享有崇高威望，严厉惩罚可能引发同情或抗议；而蔡元定没有任何有影响力的朋友相帮，于是便顺手拉来做了最大的替罪羊。以上三点暴露，政府实在难以在对道学学派的打击中营造一种打击朋党的态势。

建筑在苍白虚构基础之上的伪学之禁是长久不了的。许多官僚尽管克制着没有直接反对它，但拒绝严格推行禁令。还有些人觉得它根本就是蛮横无理的。最终，儒教国家的形象本身受到的危害超过了它所迫害的批评者。朱熹于 1200 年去世。1202年，该禁令发布仅仅七年之后，被朝廷宣布废止，甚至韩侂胄本人也为曾经无意中走得太远而感到懊悔。引发了对道学学派压制的不是什么政策问题，而是与其拥护者的意识形态正统要求纠缠在一起的现实政治。在很大程度上，这些人其实只是权力游戏中的卒子，根本无法控制局面。

从危机到国家正统

大多数史料采取道学立场，以致给人留下了这样的印象：禁令刚一解除，这个学派就凭借其超群的学说自然而然地获得广泛接受，不久即成为国家正统。它们在逻辑上暗示，尽管南宋未能广泛推行道学教义以拯救国家免遭侵略，但是不久蒙古占领者即被说服，接受了这一正统。事实却并非如此。向国家正统的抬升不是取决于学术考量，而是取决于政治上的利害权衡。①

解除禁令只不过恢复了禁令颁布之前的状况。在此后几十

---

① HTC，第 4281—4282、4316、4387 页。

年中，道学影响的散布充其量只是渐进的。韩侂胄被杀之后，政治和学术的风头都发生了逆转。饱尝其高压手段之苦的人们转而获得崇敬。朝廷接纳一些官员的建议，将适当的荣誉授予该学派的大师们：1208 年是朱熹，1220 年是五位北宋先驱者中的三位。授予朱熹身后荣誉的诏令称他的学术为正学，然无一语提及儒家真谛的传承。1212 年，教育主管部门进一步给朱熹学术以更高的荣誉，接受了他为《论语》和《孟子》所作的注释，但还没有涉及朱熹为他所谓儒家教育入门之学的"四书"的前两部所作的注解；当然，也没有提到国家正统的话题。

又一场皇位继承危机使得朱熹学派地位的提升在政治上成为可能。1224 年，宁宗去世，没有指定继承人。从 1207 年起便担任宰相的史弥远（1164—1233 年）别有心机地抛开了年长的过继皇子，立年幼者为帝。这一举动没有任何合法合理的基础，简直就是篡夺。让局面进一步恶化的是，那位年长的皇子被送到湖州之后，当地发生了一场叛乱，打着他的名义，宣布继位为非法。皇子事先一无所知，也并不赞成这场叛乱。然而，就在这场鲁莽草率的起事失败之后，无辜的皇子却遭到牵连，朝廷遣使迫其自杀。最初的不公平由此恶化成为一场政治谋杀。这一事件极大破坏了朝廷在文人心目中的形象和史弥远个人在士大夫圈中的声望。为求改善，这位宰相玩弄权术，希望借重道学的声望来文过饰非。作为政治和解的一幕，几位老牌的道学领袖被委以朝廷高位——当然，并无重权，也未能久在其任。① 但不管怎么说，朝廷开始另眼相看的事实确实抬高了该学派在政治和学术双方面的地位。

① HTC，第 4422—4424、4455、4567、4585 页；孙应时：《烛湖集》，卷 8 之 3—5。

147

朝廷政治的发展和国际危机的不断加剧，使道学地位获得进一步抬升。1227年，锋芒初露的蒙古人在内蒙古征服了西夏王国，南宋朝廷开始将自己和这个新的挑战在外交和防务上联系起来。巩固政治、统一思想变得非常紧迫。人们相信学习基本儒家经典的正确解释将使国家更有秩序、更坚定、更强大，朱熹对"四书"的注解成为官方文本。在巩固其武力优势的同时，野蛮人自称为儒教帝国——1233年，越过长城一线的蒙古人接纳耶律楚材的建议，在今天的北京修建了新的孔庙。① 同年，史弥远死去，继任宰相郑清之（1176—1257年）将两名道学领袖魏了翁（1178—1237年）和真德秀（1178—1235年）提拔到朝中。二人年事已高，不可能再作任何政策改革，只有依靠道德呼吁提高士气。第二年，形势变得更糟。蒙古人在消灭金帝国之后，目标直指南宋。为了提高政治声望和自信心，南宋帝国求助于文化宣传，道学学派的五位北宋哲学家得以配享孔庙。② 此举暗示，不管蒙古帝国怎样努力伪装成儒教国家，儒学的唯一合法传承血脉仍然是通过二程高足杨时传到了南方，又传给了道学学派。人们相信，这一认识将提高宋人对宋朝是正宗儒教帝国的信心，使他们更坚定地保卫这个儒教帝国。策划这场运动的宰执曾经从学于朱熹的密友，他吃不准大多数士大夫会不会支持如此恩宠道学的举动。为谨慎起见，他要了一个小花招，让一位友好但不起眼的中层官员向朝廷提出建议，而这个建议却畅行无阻地获得了通过。③

蒙古和南宋之间在文化层面上的政治竞争在继续。1237

① HTC，第4458、4464、4545、4587页；SS，卷422。
② 李心传：《道命录》，卷8—10；TMTY，第1847页。
③ HTC，第4562页；SS，卷417、421。

年,蒙古开科取士。① 同年,南宋皇帝御撰颂词,赞同道学的正统要求,颂词后来才发表。1240 年,南宋在外来威胁之外又面临内患,首都大饥荒,最南面的山区发生暴动。② 第二年,为了抬升本国的儒教形象,让人民坚信真理是和他们在一起的,朝廷举行盛大仪式,正式宣布道学学派为国家正统。遭禁绝时,这一学派曾以道学而闻名,再使用这个早期名称显属不当,因此改称理学。那篇据称作于 1237 年的御撰颂词——皇帝远见的明证——也在此时向全国公布。③ 这就是官方的新儒学。从此,科举和预备参试的举人都必须遵循它。

人们本来希望国家正统会使士大夫表现得更为忠诚明智,合乎礼义,更好地保卫帝国。但是,正统的理论既非针对国事,其现任领袖也毫无权力,哪里谈得上士气大振呢? 只有少数道德先验论者获得了官职,但无一是重要岗位,一些人仅仅是在地方学校里任职。④ 尽管在罕有的几次公开露面时,皇帝听取了新儒家教义讲座,但他对这些东西明显关心不足,他所关心的大多是些非儒家的放纵,比如醇酒、妇人和词。⑤ 国家虽有了正统,而国事却毫无进步。

在蒙古人治下编纂成书的《宋史》在断代史惯有的体裁之外,另创"道学"类传名目,专门记载新儒家。同样是这部史书,用推行道学来掩饰这位皇帝的失德,说他之建立国家正统,为后来的统治者探索了道路。⑥ 不管怎么说,这位皇帝死后还是因为提升

149

---

① HTC,第 4605、4613—4615 页。

②《宋史全文续资治通鉴》,第 2529 页。

③《宋史全文续资治通鉴》,第 2490—2491、2533、2554 页。

④ HTC,第 4547、4622—4630、4836 页。

⑤ HTC,第 4630、4849 页。

⑥ 脱脱等编:《宋史》,卷 69;饶宗颐:《三教论与宋金学术》。

理学的缘故被冠以理宗的庙号。

众所周知，道学的哲学，特别是朱熹的集大成，远比此前的儒家思想更为广阔和系统化，蒙古占领带来的相对黑暗也不能将其光芒稍减：它在文化上已经成为现实的一个有机部分，继续激励着从事民间教育的学者们。① 此外，或者正是由于国家第一次全部置于外族占领之下，中国人对本民族文化的优越感和认同感也就比任何时候都来得更加强烈。通过城市化的传播，特别是说唱文学和表演艺术，道学教义中所蕴含的正统儒家理念逐渐在民间社会中流传开来。这些理念演绎成简单的概念，甚至影响到文盲。就这样，作为官方正统的新儒家变成了大众普遍的思想意识，而这有助于文化的整合与巩固。②

然而，新儒家本身却转向了内在，在固有的圈子里自我充实。调整和创新仍然存在，但都只是量的增加，而非方向的转变与开拓。这种传统笼罩下的教育，越来越呈现教条主义的口吻。这个或者可以冠之以"新传统主义"名称的时代，具有巨大的惯性，在一个又一个世纪中固守其樊篱，造成了这个国家政治文化的相对稳定以及后来的停滞。稳定和停滞的另一个原因是新儒家与国家之间的关系。既然正统支持现存的等级秩序，那么国家就有权去调整它、操纵它，甚至为政治控制的目的歪曲它。

新儒家将自己的教义树立为国家正统，但在接下来的几个世纪中，他们却饱尝了这种得不偿失的胜利所带来的诸多矛盾。第一，尽管他们也不喜欢专制或其更糟的形式——独裁，但是，却被

150

---

① 王夫之：《宋论》；《旧小说》，"吴"部，卷1之4、卷1之10、卷1之22、卷2之142、卷2之144。

② James T. C. Liu(刘子健)和 Tu Wei-ming 编：*Traditional China*(《传统中国》)，第10—23页。

本学派在意识形态上的优越感和社会尊崇纵容着，习惯于压制政治上的批评声浪。第二，当经过建议、抗议以及职权范围内的努力之后，其政治见解仍然不得推行时，他们便会反躬自省，寄希望于未来，虽然这未来也是前途未卜、不可捉摸的。第三，当一些新儒家对现在和未来都感到幻灭时，又能采取何种选择？他们对改良和变革的方法知道的太少了。他们有没有可能偏离传统呢？让他们离开自幼习熟的东西实在太难了。批评正统在政治上是失败的吗？太过离经叛道。谴责专制政体吗？想都别想。要求彻底的改革？整个官僚集团或者说当权派坚定地反对它，任何背离都绝无可能。再说，在任何特定时候，幻灭者都只是分散在传统的巨大冰体之内的一小把微粒。尽管在很久以前曾经是新生事物，但是，新儒家确实老了。新儒家教义如此完全地渗透了整个文化，以致失去了变革的力量。

余　论

　　从宋朝到 20 世纪的曙光初露,中国——作为工业时代以前人类历史上最重要的帝国——一直保持着以农业为主的新传统主义特点,繁荣兴旺。这中间,它经历了蒙古人主中原的时期(元朝,1279—1368 年),随后是以汉族为主体的辉煌期明朝(1368—1644 年),之后又被满族的君临天下所代替(清朝,1644—1911 年)。专制政体顽强地存在着,有时膨胀加强,有时堕落成为绝对专制主义的暴力统治。新儒家思想已经渗透到政权当中,并在二者的共生关系中发挥作用。一般而言,新儒家支持专制政体,但仍然固执地表达其理想主义的一面,并继续在有限的范围之内进行自我完善。

　　这就是本书要讲的故事,叙述中也许还存在许多有意的偏颇或无心的差误。但无论如何,一项批评是免不了的——新儒家的拥护者是大多数,他们一定会质问:为什么本书对新儒家的哲学略而不谈? 难道新儒家哲学不是在学术领域和日常生活领域都同样的视野开阔、充满张力和外向吗? 难道新儒家的形而上学理论和宇宙论不是中国所创造的最好的形而上学和宇宙论吗? 不错,本书有意绕开哲学,不论是改革者王安石的哲学,还是包括新儒家在内的保守主义者的哲学。围绕着这些题目,已经出现了相当数量的杰出论著。但是,这些观念史,尽管有的出自大师手

笔,却缺乏对普遍历史背景或至少是政治背景的叙述。因此,本
书力图将政治与学术二者的发展交织在一起,或者,更确切地说,
是要为理解学术潮流的涨与退、关键人物的起与落提供一幅前所
未有的政治背景图画。

　　新儒家哲学中萦回着这样一个问题,这就是优秀的人,即所
谓"儒家士绅"如何进行修身。就拿《近思录》①这部著名的儒家
入门读物的书名来说,它所要思的主要是士大夫、家境富裕的文
人以及其他社会优秀分子的心之所关、情之所切。至于诸如农
民、乡村生活、市井细民、宗教活动、社会现状以至统治艺术之类
的实际问题,尽管新儒家的领袖们在其著述中偶尔也会涉及,但
新儒家的训导与之关联不是很大。总的来说,新儒家哲学倾向于
强调儒家道德思想中内向的一面,强调内省的训练,强调深植于
个体人心当中的内在化的道德观念,而非社会模式的或政治秩序
架构当中的道德观念。②

　　让我们再作一个大胆的推论。宋代的保守主义者和新儒家
学者在本质内省的学说当中浸润的时间越长,对形而上学和宇宙
论课题的思量越深刻,就越发难以转向平淡而客观的社会现实,
难以将其哲学理论与同样"近"的实际联系起来去求验证。

　　那么,又怎么解释朱熹的个案呢? 这一个案会不会将上述结
论顷刻推翻? 的确,朱熹的知识领域无比广阔,他对许多知识门
类的研究都鞭辟入里,他的独创性发现不仅数量众多,而且意义
重大。最重要的是,他对广博知识的系统化在中国历史上是最为

---

① James T. C. Liu(刘子健):*Reform in Sung China：Wang An-shih*(1021—1086) *and his New Policies*(《宋代中国的改革:王安石及其新政》)。

② F. S. C. Northrop：*The Meeting of East and West*:*An Inquiry Concerning World Philophy*(《东西方之会:世界哲学的追寻》)。

突出的。① 但同样千真万确的是，北宋产生了不少于半打的旗鼓相当的儒家巨擘，而在南宋，几乎没有其他任何人可以跟朱熹的巨人声望相媲美。以本书的视角来看，朱熹对于上述结论而言，绝不是一个例外。他是屹立于两个世纪之间的伟大的决定性人物，是一场重大变化的传信人。不止一个方面，无论是其知识的广度、智慧性，还是其学问的重要性，都使得朱熹成为 11 世纪儒家先行者们的同道和最成功的继承人，同时又超越了他们全体。所以，他能够引导他 12 世纪的同辈学人。他的朋友、同伴和学生，没有人取得像他那样的成就。他的 13 世纪的追随者就像是苍白的影子一样远远地落在后面。

153

朱熹的伟大在于他经常触及哲学以外的领域，即便如此，上述结论仍然是成立的，它揭示了新儒家的一个长期性趋势：它无意涉足其他知识领域，比如后来被称为自然科学的领域。在新儒家学者的头脑中，最重要的就是修身和内心的思想。他们倾向于转向内在。当然，新儒家对中国历史的伟大贡献绝不会因此而贬低。②

这就引发了一个大问题：新儒家的学者们是否曾经试图向其体系以外寻找可能改变其体系的方法？答案多半是"否"。因为他们只是努力在体系内部寻求改进和提高。从长远上看，他们并不是严格意义上的保守主义者。他们是内向的。

本书还必须面对另一个批评。总体而言，本书对新儒家的态度是不赞赏的吗？恰恰相反。本书认为，新儒家历经斗争和苦难，最终变得如此影响巨大，非常值得赞赏和尊敬。他们确实曾

---

① 钱穆：《朱子新学案》。

② Chan："Neo-Confucianism as an Integrative Force in Chinese Thought"（《新儒家：中国思想中的整合力量》）。

经努力以培养贤人,使其从内部改善政治体制的方式来赋予政治
体制以新的活力。没能改善甚至革除专制体制,新儒家不能独任
其咎。许多年以后,明朝的异端分子李贽为中国缺乏知识分子的
批评精神,抨击孔子以来的正统,预示了1919年五四运动的震震
雷鸣。但是,李贽忽略了一点,他没有考虑到现实的严酷限制。
在大多数时候,政治总是在决定一切。①

　　必须强调指出,尽管宋代以善待士大夫而著称,但是,从11
世纪到12世纪,同专制权力相比,士大夫们对权力的分享程度日
渐下降。11世纪中期,保守派大臣文彦博(1006—1097年)有胆
量对他的皇帝陛下如此直言:"陛下不是与普通人(百姓)共治天 *154*
下,而是与学者—官僚(士大夫)共治天下。"②在他之后,没有谁
再敢如此大放厥词。到了12世纪,要想给这句话一个解释的话,
那就是皇帝除了他的代理人,几乎不和任何官员分享权力。

　　那么,士大夫是否可能团结起来让自己的意见在实际上得到
听从呢?几乎不可能,因为专制政体从不允许他们组织起来。结
党是要受惩罚的。他们也没有一个论坛来讨论共同关心的问题、
推进彼此间的共识。国家垄断了政治交流,它甚至不能接受家族
组织以外的社会组织。例如,一位家境并不富裕的新儒家慈善家
在自己的家乡开设私营粥厂,年复一年,救活了数以千计遭受饥
荒的人。他所从事的,大概是那个时代世界上最大规模的慈善活
动。但是,他从未想过要建立一个像 United Way 这样的永久性

---

① Winston Lo:*The Life and Thought of Yeh Shih*(《叶适的生平和思想》);Tillman:
　Utilitarian Confucianism:*Ch'en Liang's Chanllenge to Chu His*(《实用主义儒学:
　陈亮对朱熹的挑战》);吴虞:《吴虞文录》,第10页;柳田节子:《宋代的地主制与公
　权力》。
② 李焘:《续资治通鉴长编》,卷221之3—4。

机构。① 从政治上讲，直到宋朝晚期，士大夫群体在实质上还是一个一个分散的、各自为政的精英分子，就像在他们之下的农民分散在支离破碎的小块土地上一样。

不应当只是归咎于国家权力，士大夫也倾向于彼此互相分离。抛开其他决定性因素，儒家官僚体制中始终存在一个核心冲突：机构改革派和道德重建派之间的冲突。改革派更相信行政的力量，而道德重建派则更强调可信赖的人品。用句儒家话语中的老话来说，就是"才"和"德"的冲突。这两方面是否能够互相折中、彼此一致、达到和谐？很难。当这一冲突与其他因素不可避免地纠缠在一起时，就更加无望了。这并不是宋代士大夫所独有的问题。此前和此后，才和德都是中国史料中长期纠缠的两个观念。这一对矛盾同样也出现在其他文化中，只不过贴着不同的标签，表现为不同的形式。它反映了一个困扰各种官僚体制的永久性问题，即使现代公共行政学研究也不例外。

不管怎么说，国家权力始终处于传统中国舞台的中心。中国文化的命门存在于政府和意识形态（政教）当中，②其混合体决定着其他一切，包括经济领域。作为意识形态中的官方正统，新儒家不管怎么发展，都无法重塑或改变这个政治—文化的混合体，或者将权力的亚文化转变成为伦理道德的亚文化。不断提高的生产力、日益拓展的贸易、重商主义的张扬和正在发展的城市化，

155

---

① James T. C. Liu（刘子健）："Liu Tsai: His Philanthropy and Neo-Confucianism Limitation"（《刘宰的慈悲和新儒家的局限性》）；刘子健：《刘宰和赈饥》；王德毅：《宋代灾荒的救济政策》。
② 刘伯骥：《宋代政教史》。

也不能促成这一变化。①

————————

① James T. C. Liu(刘子健)和 Tu Wei-ming 编：*Traditional China*(《传统中国》)，第
10—23 页；James T. C. Liu（刘子健）编：*Political Institutions in Traditional
China：Major Issues*(《传统中国的主要政治制度》)，前言。

注释中所用简称

以下诸书的完整书目信息见于《参考书目》B 部分。

CCTWC:赵鼎《忠正德文集》

CS:脱脱主编《金史》

CTYL:朱熹《朱子语类》

HNYL:李心传《建炎以来系年要录》

HTC:毕沅《续资治通鉴》

PMHP:徐梦莘《三朝北盟会编》

SS:脱脱主编《宋史》

SSCSPM:《宋史纪事本末》

SYHA:黄宗羲、全祖望《宋元学案》

SYHAPI:王梓材、冯云濠《宋元学案补遗》

TMTY:纪昀《四库全书总目提要》

WHTK:马端临《文献通考》

YS:宋濂主编《元史》

参考书目

大体上,这个参考书目是作者在准备本书过程中浏览过的各类书籍的名单,浏览是为从不同方面获取一系列观察角度,所以其中的许多书籍在注释中并未引用。如下段落是对工具书和参考书的简要介绍,希望能为有志于斯道、终将组织自己的参考书目的学人提供帮助。较完整的引用资料则见书目正文。

关于宋朝的原始史料,还没有任何一部中文或日文的著作比得上 Yves Hervouet 编著 *A Sung Bibliography*(《宋代书录》),这部里程碑式的巨著是已故的 Etienne Balazs 教授主持的国际合作计划的结晶。

便捷的索引对几部重要史料的使用助莫大焉,比如梅原郁的《建炎以来系年要录人名索引》和衣川强的《〈宋元学案〉·〈宋元学案补遗〉人名字号别名索引》等。

邓广铭、程应镠主编的《中国历史大辞典·宋史》近期完成,这部百科全书式的著作方便了宋代人名、地名等专有名词的查阅。

要了解中文的研究成果,宋晞的《宋史研究论文与书籍目录》功不可没,尤为可贵的是,该书尽可能地收录了中国大陆的论著。

关于近期的中文研究论文,台湾有几种论文集出版,比较重要的如宋史座谈会所辑《宋史论文集》(SYC)。大陆紧随其后,出版了宋史研究会主编的《宋史研究论文集》(SYL)等。详见书目正文。

专论宋史的一般性著作和课本原本毋庸多言,然而,刘伯骥的《宋代政教史》特别值得一提,因为它对于本书所讨论的题目启发良多。

日本学者的研究成果,有已故的青山定雄教授主编的《宋代研究文献提要》,是编得力于宋史提要编纂协力委员会的通力协作,贡献颇巨,然经两次增补(《补篇》《III(三篇)》)之后便无以为继。当然,欲知近期论著的情况,可以查阅《史学杂志》每年五月号和《东洋学文献类目》年刊。

Michael C. McGrath 编订的书目汇集了西文研究成果,于 1971、1980 年分两次发表在 *Sung Studies Newsletter*(《宋史研究通讯》)上。该杂志已更

名为 *Bulletin of Sung Yuan Studies*(《宋元研究简报》)。相信编者即将出版其第三部分。

关于传记辞书，已有数部可资利用。翁同文所辑 *Repertoires des dates des homes célèbres de Song*(《宋代名人生卒年索引》)，是查阅关键人物生卒年的便捷工具书；1939 年哈佛燕京中文引得系列中就各种文集所作的开创性索引(《四十七种宋代传记综合引得》)；宋史提要编纂协力委员会所作的更新的索引(《宋人传记索引》)；还有读者所熟知的 Herbert Franke 所编西文四卷本、质量颇为不齐的 *Sung Biographies*(《宋人传记》)。当然，个中资料最齐全的当数这部六卷本中文宋人传记资料引得——昌彼德、王德毅等编《宋人传记资料索引》，该编大大超越了此前诸书。

宋史提要编纂协力委员会的另一项重要贡献是编制《宋代史年表》，北宋、南宋各一卷。

总之，工具是必不可少的。在结尾之前，还应提到一个杰出的例子，它篇幅短小但作用巨大，这便是 Hope Wright 的 *Geographic Names in Sung China*(《宋代地名》)。

A. 英文和其他西文论著

Balazs, Etienne. "Une carte des centres commercial de la Chine à la fin du XIe siècle"(《12 世纪末中国商业中心表》), in Francoise Aubin, ed., *Etudes Song in Memoriam de Etienne Balazs*, ser. 1, vol. 3. Paris, Ecole Pratique des Hautes Etudes, 1976.

——and Collette Patte. *Table des matières: Song Houei-yao, Sections economique, administrative, juridique, geographique*(《〈宋会要〉食货、职官、刑法、地理部分史料表》), Paris, Ecole Practique des Hautes Etudes, 1958.

Bol, Peter K. (包弼德)"Culture and the Way in Eleventh Century China"(《中国 11 世纪的文化和道》), Princeton University Ph. D. dissertation, 1982.

Bulletin of Sung-Yüan Studies(《宋元研究简报》), formerly *Sung Studies Newsletter*(《宋史研究通讯》), current Editor: John Chaffee(贾志扬), Department of History, State University of New York at Binghamton, Binghamton, NY, 13901.

Bush, Susan. (卜苏珊)*The Chinese Literati on Painting: Su Shih*(*1037—1101*) *to Tung Ch'i-Ch'ang*(*1555—1636*)(《中国的文人画：从苏轼到董其昌》). Cambridge, Harvard University Press, 1971.

Chaffee, John. (贾志扬) *The Thorny Gates of Learning in Sung China : A Social History of Examinations*(《宋代中国为学的荆棘之门：科举的社会史》). Cambridge, Cambridge University Press, 1985.

Chan, Wing-tsit. (陈荣捷) tr. *A Source Book in Chinese Philosophy*(《中国哲学资料手册》). Princeton, Princeton University Press, 1963.

——"Neo-Confucianism as an Integrative Force in Chinese Thought"(《新儒家：中国思想中的整合力量》), in Laurence G. Thompson, ed. , *Studies Asiatica : Essays in Asian Studies in Felicitation of the Seventy-fifth Birthday of Professor Ch'en Shou-yi*. San Francisco, Chinese Materials Center, 1975.

Chang, Fu-jui. (张馥蕊) *Les Fonctionnaires des Song : Index des Titres*(《宋代文官名录——以官衔索引》). Paris, Ecole Pratique des Hautes Etudes, 1964.

Chang, K'ang-i Sun. (孙张康宜) *The Evolution of Chinese Tz'u Poetry : From Late Tang to Northern Sung*(《中国词的发展：从晚唐到北宋》). Princeton, Princeton University Press, 1980.

Ch'en, Kenneth K. S. (陈观胜) "The Sale of Monk Certificates During the Sung Dynasty : A Factor in the Decline of Buddhism in China"(《宋代度牒的买卖——中国佛教衰落的因素之一》), *Harvard Theological Review*, 49. 4:307—327(1956).

——*Buddhism in China : A Historical Survey* (《中国的佛教史》). Princeton, Princeton University Press, 1964.

——*The Chinese Transformation of Buddhism* (《佛教的中国化》). Princeton, Princeton University Press, 1973.

Chi Ch'ao-t'ing. (冀朝鼎) *Key Economic Areas in Chinese History*(《中国历史上的主要经济区》). London, Allen and Unwin, 1936.

Ching, Julia. (秦家懿) "Truth and Ideology : The Confucian Way(Tao) and Its Transmission(Tao-t'ung)"(《真理和意识形态：儒家的道和道统》), *Journal of the History of Ideas*, 35. 3:371—388(1974).

Chu Hsi. (朱熹) *The Great Learning*. (《大学》), See Legge; Gardner.

Chu Hsi. (朱熹) and Lü Tzu-ch'ien(吕祖谦), comps. *Reflections on Things at Hand*(《近思录》), tr. Wing-tsit Chan(陈荣捷). New York, Columbia University Press, 1967.

d'Argencé, René Yvon Lefebvre. "Ecological Atlas of Southern Sung—Hang—chou"(《南宋杭州的生态图》), *Sung Studies Newsletter* 4:7—10

(1971).

Dawson, Raymond S. , ed. *The Legacy of China*(《中国的遗产》). Oxford, Clarendon Press, 1964.

——*The Chinese Chameleon: An Analysis of European Conceptions of Chinese Civilization*(《中国变色龙:欧洲视野中的中国文明》). New York, Oxford University Press, 1967.

de Bary(狄百瑞), William Theodore, Wing-tsit Chan(陈荣捷), and Burton Watson, eds. *Sources of Chinese Tradition*(《中国传统史料汇编》). New York, Columbia University Press, 1960.

——and Irene Bloom, eds. *Principle and Practicality: Essays in Neo-Confucianism and Practical Learning*(《原则与实践:新儒家和实学论文选》). New York, Columbia University Press, 1979.

Eichhorn, Werner. "Some Notes on Population Control During the Sung Dynasty"(《宋代的人口控制》), in Yves Hervouet, ed. *Etudes d'histoire et de littérature Chinoises offertes au professeur Jaroslave Prusuk*. Paris, Bibliotheque de l'Institut des Hautes Etudes Chinoises, 1976.

Elvin, Mark. (伊懋可) *The Pattern of the Chinese Past*(《中国昔日的模式》). Stanford, Stanford University Press, 1973.

Fairbank, John King(费正清), ed. *Chinese Thought and Institutions*(《中国的思想和制度》). Chicago University Press, 1957.

Ferenczy, Mary. "On State Regulation of Money Circulation in Sung China"(《宋政府对货币流通的规定》), *Acta Orientalia Academiae Scientiarum Hungaricae* 28. 3:351—358(1974).

Feuerwerker, Albert. (费维凯) ed. *History in Communist China*(《共产中国史》). Cambridge, M. I. T. Press, 1968.

——and Sally Cheng. *Chinese Communist Studies of Modern Chinese History*(《当代中国近代史研究》). Cambridge, Harvard University Press, 1961.

Finegan, Michael Herald. "Urbanism in Sung China"(《宋代中国的都市发展》). University of Chicago, Ph. D. dissertation, 1976.

Franke, Herbert. (傅海博) "Treaties Between Sung and Chin"(《宋金和约》). in Francoise Aubin, ed. , *Etudes Song in Memoriam de Etienne Balazs*, ser. 1, vol. 1. Paris, Ecole Pratique des Hautes Etudes, 1970.

——ed. *Sung Biographies*(《宋人传记》). 4Vols. Wiesbaden, Franz Steiner Verlag GMBH, 1976.

Freeman, Michael. "Lo-yang and the Opposition to Wang An-shih: The Rise of Confucian Conservatism 1068—1086"(《洛阳和王安石的反对者：1068—1086 年间儒学保守主义的兴起》). Yale University Ph. D. dissertation, 1973.

Fu, Shen Chun-yueh. "Huang Ting-Chien's Calligraphy and His Scroll for Chang Ta-t'ung: A Masterpiece Written in Exile"(《黄庭坚的书法和他的〈与张大同书〉：流放中写就的杰作》). Princeton University Ph. D. dissertation, 1976.

Fung, Yu-lan. (冯友兰)*A Short History of Chinese Philophy*(《中国哲学简史》), ed. Derk Bodde. New York, MacMilan, 1948.

Gardner, Daniel K. *Chu Hsi and the "Ta Hsueh": Neo-Confucian Reflection on the Confucian Canon*(《朱熹和〈大学〉：新儒家对儒学经典的思考》). Cambridge, Council on East Asian Studies, Harvard University, 1986.

Gernet, Jacques. (谢和耐)*Daily Life in China on the Eve of the Mongol Invasion*(《蒙元入侵前夜的中国日常生活》). tr. H. M. Wright. Stanford, Stanford University Press, 1962.

Gong, Wei Ai. (江伟爱)"The Participation of Censorial Officials in Politics During the Northern Sung Dynasty(960—1126A. D.)"(《北宋监察官对政治的参与》), *Chinese Culture* 15. 2:30—41(1974).

——"The Usurpation of Power by Ch'in Kuei through the Censorial Organ (1138—1155 A. D.)"(《秦桧如何利用监察机构窃取权力》), *Chinese Culture* 15. 3:25—42(1974).

——"The Role of Censorial Officials in the Power Struggle During the Last Years of the Southern Sung Dynasty(1208—1278)"(《南宋末年监察官在权力斗争中的作用》), *Chinese Culture* 17. 3:93—112(1976).

Haeger, John Winthrop. (海格)ed. *Crisis and Prosperity in Sung China* (《宋代的危机与繁荣》). Tucson, University of Arizona Press, 1975.

Hartwell, Robert. (赫若贝)"A Revolution in the Chinese Iron and Coal Industries During the Northern Sung, 960—1126A. D. "(《北宋中国煤铁工业的革命》), *Journal of Asian History* 21:153—162(1962).

——"A Cycle of Economic Change in Imperial China: Coal and Iron in Northeast China, 750—1350"(《中华帝国的经济变化圈：华北的煤铁，750—1350 年》), *Journal of the Economic and Social History of the Orient*, 10. 1:102—159(1967).

——"The Evolution of the Early Northern Sung Monetary System, 960—

1025"[《北宋早期（960—1025 年）货币制度的演变》]，*Journal of the American Oriental Society* 87.3：280—289(1967).

——"Classical Chinese Monetary Analysis and Economic Policy in T'ang-Northern Sung China"（《唐与北宋的中国古典货币分析和经济政策》），*Transactions of the International Conference of Orientalists in Japan* 13：70—81(1968).

Hervouet，Ives. ed. *A Sung Bibliography*（《宋代书录》），initiated by Etienne Balazs. Hong Kong，Chinese University of Hong Kong Press，1978.

Ho，Ping-ti. (何炳棣)"Early-ripening Rice in Chinese History"（《中国历史上的早熟稻》），*Economic History Review* 9.2：200—218(1956).

——"An Estimate of the Total Population of Sung-Chin China"（《中国宋金时期总人口估量》），in Francoise Aubin ed.，*Etudes Song in Memoriam de Etienne Balazs*，ser. 1，vol. 1. Paris，Ecole Pratique des Hautes Etudes，1970.

Hsiao，Kung-ch'üan. (萧公权)*A History of Chinese Political Thought*（《中国政治思想史》），vol. 1，tr. By Frederick W. Mote. Princeton，Princeton University Press，1979；vol. 2，forthcoming.

Jan，Yun-hua. (冉云华)"Buddhist Historiography in Sung China"（《宋代中国的佛教历史编纂》），*Zeistschrift der Deutschen Morgenlandschen Gesellschaft* 114.2：360—382(1964).

Jeffcott，Colin. "Sung Hang-chou：Its Growth and its Governmental Institutions"（《宋代杭州的发展及其政府机构》），Australian National University Ph. D. dissertation，1970.

Kracke，E. A.，Jr. (柯睿格)*Civil Service in Early Sung China*，960—1067：*With Particular Emphasis on the Development of Controlled Sponsorship to Foster Administrative Responsibility*（《宋初的文官制度》). Cambridge，Harvard-Yenching Institute Monographs，1953.

——*Translations of Sung Civil Service Titles*（《宋代官职译名》). Paris，Ecole Pratique des Hautes Etudes，1957.

——"The Chinese and the Art of Government"（《中国的人和治术》），in Raymond S. Dawson，ed.，*The Legacy of China*. Oxford，Clarendon Press，1964.

——"Sung K'ai-feng：Pragmatic Metropolis and Formalistic Capital"（《宋代开封：实用主义的都市和形式主义的首都》），in John W. Haeger，ed.，

Crisis and Prosperity in Sung China. Tucson，University of Arizona Press，1975.

Lam，Lay Yong. *A Critical Study of the "Yang Hui Suan Fa"：A Thirteenth Century Mathematical Treatise*（《〈杨辉算法〉探研：一部 13 世纪的数学论著》），Singapore，University of Singapore Press，1977.

Lee，Thomas Hung-chi.（李弘祺）*Government and Examination in Sung China*（《宋代的政府与考试》）. Hong Kong，Chinese University of Hong Kong Press，1985.

——"Life in the Schools of Sung China"（《宋代的学校生活》），*Journal of Asian Studies* 37. 1：45—60（1977）.

Legge，James，tr. *The Chinese Classics*（《中国经典》）. 5 vols. Hong Kong，Hong Kong University Press，1960.

Libbrecht，Ulrich. *Chinese Mathematics in the Thirteenth Century：The "Shu-shu Chiu-chang" of Ch'in Chiu-shao*（《13 世纪的中国数学：秦九韶的〈数书九章〉》）. Cambridge，M. I. T. Press，1973.

Lin，Shuen-fu.（林顺夫）*The Transformation of the Chinese Lyrical Tradition：Chiang K'uei and Southern Sung Tz'u Poetry*（《中国抒情传统的转变：姜夔与南宋词》）. Princeton，Princeton University Press，1978.

Lin，Yutang.（林语堂）*The Gay Genius：The Life and Times of Su Tungpo*（《快乐的天才：苏东坡的生平与时代》）. New York，John Day，1947.

Liu，Hui-chen Wang.（刘王惠箴）*The Traditional Chinese Clan Rules*（《中国传统的族规》）. Association for Asian Studies Monograph，Locust Valley N. Y.，J. I. Augustine，1969.

——"An Analysis of Chinese Clan Rules"（《对中国传统族规的分析》），in David S. Nivison and Arthur F. Wright，eds.，*Confucianism in Action*. Stanford，Stanford University Press，1959. Also in Arthur F. Wright，ed.，*Confucianism and Chinese Civilization*. New York，Atheneum，1964.

Liu，James J. Y.（刘若愚）*Major Lyricists of the Northern Sung：960—1126*（《北宋的主要抒情诗人》）. Princeton，Princeton University Press，1974.

Liu，James T. C.（刘子健）"An Early Sung Reformer：Fan Chung-yen"（《宋朝早期改革家范仲淹》），in John K. Fairbank，ed.，*Chinese Thought and*

Institutions. Chicago, University of Chicago Press, 1957.

——*Reform in Sung China: Wang An-shih (1021—1086) and his New Policies*(《宋代中国的改革：王安石及其新政》). Cambridge, Harvard University Press, 1959.

——"The Neo-traditional Period(ca 800—1900)in Chinese History"(《中国历史上的新传统主义时期（约 800—1900 年）》), *Journal of Asian Studies*, 24. 1:105—107(1964).

——*Ou-yang Hsiu: An Eleventh-century Neo-Confucianist*(《欧阳修：11 世纪的新儒家》). Stanford, Stanford University Press, 1967. 最完全的版本，请见本书目 C 部分刘子健：《欧阳修的治学与从政》。

——"The Sung Views on the Control of Government Clerks"(《宋人的治吏观》), *Journal of the Economic and Social History of the Orient*, 10. 2—3:317—344(1967).

——"Yueh Fei(1103—1141)and China's Heritage of Loyalty"(《岳飞和中国的"忠"》), *Journal of Asian Studies*, 31. 2:291—297(1972).

——"How Did a Neo-Confucian School Become the State Orthodoxy?"(《新儒学是如何成为国家正统的?》) *Philosophy East and West* 23. 4:483—505(1973).

——"Liu Tsai: His Philanthropy and Neo-Confucian Limitations"(《刘宰的慈善事业和新儒家的局限性》), *Oriens Extremis*, 25:1—29(1978).

——ed. *Political Institutions in Traditional China: Major Issues*(《传统中国的主要政治制度》). New York, John Wiley, 1974.

——and Peter J. Golas, eds. *Change in Sung China: Innovation or Renovation?* (《宋代中国的变化：创新还是改良?》) Boston, D. C. Heath, 1969.

——and Tu Wei-ming(杜维明), eds. *Traditional China*(《传统中国》). Englewood Cliffs NJ, Prentice-Hall, 1970.

Lo, Irving Yu-cheng. (罗郁正) *Hsin Ch'i-chi*(《辛弃疾》). New York, Twayne Publishers, 1971.

Lo, Winston Wan. (罗文) *The Life and Thought of Yeh Shih*(《叶适的生平和思想》). Gainesville, University Presses of Florida, 1974.

——"Fiscao Intendants in Southern Sung China"(《南宋的转运使》), *Journal of Asian History* 9. 2:28—154(1975).

Ma, Laurence J. C. (马幼垣) *Commercial Development and Urban Change in Sung China (960—1279)*(《宋代的商业发展和城市变化》). Ann

Arbor, Geography Department, University of Michigan, 1976.

McGrath, Michael C. "A Bibliography of Western Language Sources on the Sung"(《西文宋史论著目》), *Sung Studies Newsletter*, 3:39—49(1971).

——"A Bibliography of Western Language Sources, 1971—1977, on the Five Dynasties, Liao, Sung, Hsi-Hsia, Chin, and Yüan Periods" (《1971—1977 年西文五代辽宋夏金元史论著目》), *Bulletin of Sung Yüan Studies* 15:54—81(1980).

——"Military and Regional Administration in Northern Sung China"(《北宋的军事和地方行政》), Princeton University Ph. D. dissertation, 1982.

McKnight, Brian E. （马伯良）*Village and Bureaucracy in Southern Sung China* (《南宋的乡村和官僚》). Chicago, University of Chicago Press, 1971.

Malmqvist, Gövan. "On the Lyrical Poetry of Hsin Ch'i-chi"(《辛弃疾的抒情诗》), *Bulletin of the Museum of Far Eastern Antiquity* 46:29—63 (1974).

Maspero, Henri and Etienne Balazs. *Histoire et Institutions de la Chine Ancienne des Origines au XII Siècle après J. C.* (《中国 12 世纪的历史与制度》). Paris, Presses Universitaires de France, 1967.

Meskill, John, ed. *Wang An-shih : Practical Reformer ?* (《王安石：务实的改革者?》)Boston, D. C. Heath, 1963.

Mumford, Lewis. *The City in History : Its Origins, Its Transformations, and Its Prospects* (《历史上的城市：起源、转型和前景》). New York, Harcourt Brace and World, 1961.

Nakayama, Shigeru（中山繁）and Nathan Sivin（席文）. *Chinese Science : Explorations of an Ancient Tradition*(《中国科学：对一个古老传统的探索》). Cambridge, M. I. T. Press, 1963.

Needham, Joseph. （李约瑟）*Science and Civilization in China*(《中国的科学和文明》). Multiple volumes, various collaborators. Cambridge, Cambridge University Press, 1954—.

Nivison, David S. and Arthur F. Wright（芮沃寿）. eds. *Confucianism in Action*(《行动的儒家》). Stanford, Stanford University Press, 1959.

Northrop, F. S. C. *The Meeting of East and West : An Inquiry Concerning World Philosophy* (《东西方之会：世界哲学的追寻》). New York, MacMillan, 1946.

Prüšek, Jaroslav. *Chinese History and Literature* (《中国历史与文学》).

Dordrecht，Netherlands，Reidel，1970.

Reischauer，Edwin O.（赖肖尔）and John K. Fairbank（费正清）. *East Asia：The Great Tradition*（《东亚：巨大的传统》）. Boston，Houghton Mifflin，1960.

Sariti，Anthony W. "Monarchy，Bureaucracy，and Absolutism in the Political Thought of Ssu-ma Kuang"（《司马光政治思想中的君主制、官僚制和集权主义》）. *Journal of Asian Studies*，32. 1：53—76(1972).

Schirokauer，Conrad.（谢康伦）"Chu Hsi's Political Career"（《朱熹的政治生涯》），in Arthur F. Wright and Denis Twitchett，eds. ，*Confucian Personalities*. Stanford，Stanford University Press，1962.

——"Neo-Confucianism under Attack：The Condemnation of Wei-hsueh"（《被攻击的新儒家：伪学之禁》），in John W. Haeger，ed. ，*Crisis and Prosperity in Sung China*. Tucson，University of Arizona Press，1975.

Shiba，Yoshinobu.（斯波义信）*Commerce and Society in Sung China*（《宋代的商业和社会》），abridged translation by Mark Elvin. Ann Arbor，Center for Chinese Studies，University of Michigan，1970. 本书的完全版本，见本书目 C 部分之斯波义信。

Sivin，Nathan.（席文）"Shen Kua"，in Charles Coulston Gillispie，ed. ，*Dictionary of Scientific Biography*（《沈括》，载《科学人物词典》），vol. 12. New York. Charles Scribner's，1975. Also reprinted in *Sung Studies Newsletter* 13：31—55(1977).

Sung Studies Newsletter. See *Bulletin of Sung-Yüan Studies*.

Tao，Jing-shen.（陶晋生）*The Jurchen in Twelfth-Century China：A Study in Sinicization*（《12 世纪女真人的汉化》）. Seattle，University of Washington Press，1976.

Tillman，Hoyt Cleveland.（田浩）*Utilitarian Confucianism：Ch'en Liang's Challenge to Chu Hsi*（《实用主义儒学：陈亮对朱熹的挑战》）. Cambridge，Council on East Asian Studies，Harvard University，1982.

Twitchett，Danis（崔维泽）. *Land Tenure and Social Order in T'ang and Sung China*（《唐宋的地租和社会结构》）. London，School of Oriental and African Studies，1962.

Weng，Tung-wen（翁同文）. *Repertoire des dates des hommes célèbres des Song*（《宋代名人生卒年索引》）. Paris，Ecole Pratique des Hautes Etudes，1962.

Whitfield，Roderick. "Chang Tse-tuan's *Ch'ing-ming shang-ho t'u*"（《张择

端的〈清明上河图〉》），Princeton University Ph. D. dissertation，1965.

Williamson，H. R. *Wang An-shih：Chinese Statesman and Educationist of the Sung Dynasty*《王安石：宋代中国的政治和教育家》）. 2 vols. London，A. Probsthain，1935—1937.

Wong，Hon-chiu.（黄汉超）"Government Expenditure in Northern Sung China"（《北宋的政府开支》），University of Pennsylvania Ph. D. dissertation，1975.

Worthy，Edmund. "The Founding of Sung China，950—1000：Integrative Changes in Military and Political Institutions"（《宋朝立国之初在军事和政治制度方面的整合变化》），Princeton University Ph. D. dissertation，1976.

Wright，Arthur F.（芮沃寿）ed. *The Confucian Persuasion*（《儒家思想》）. Stanford，Stanford University Press，1960.

——and Dennis Twitchett，eds. *Confucian Personalities*（《儒学家》）. Stanford，Stanford University Press，1962.

Wright，Hope. *Geographic Names in Sung China*（《宋代地名》）. Paris，Ecole Pratique des Hautes Etudes，1956.

Yanagida，Setsuko.（柳田节子）"Eastern History，China，Five Dynasties，Sung Yüan"（《五代宋元史》），in *Japanese National Committee of Historical Sciences*，ed. *Japan at the XIIth International Congress of Historical Science in Vienna*. Tokyo，Nihon Gakujitsu Shinkōkai，1965.

Yoshikawa，Kōjirō.（吉川幸次郎）*An Introduction to Sung Poetry*（《宋诗入门》）. Cambridge，Harvard University Press，1967.

B. 古代著述（宋—清）

毕沅：《续资治通鉴》，北京，中华书局标点本，1959。

蔡絛：《铁围山丛谈》，北京，中华书局标点本，1983。

陈邦瞻：《宋史纪事本末》，北京，中华书局标点本，1977。

陈渊：《默堂集》，四库珍本丛书本。

丁传靖：《宋人轶事汇编》，上海，商务印书馆，1935。

顾炎武：《日知录》，黄汝南辑，台北，世界书局，1962。

黄淮、杨士奇：《历代名臣奏议》，台北，学生书局，1964。

《皇宋中兴两朝圣政》，台北，文海，1967。

黄宗羲、全祖望：《宋元学案》，万有文库本。

洪迈：《容斋随笔》，国学基本丛书本。

纪昀：《四库全书总目提要》，国学基本丛书本，台北，商务印书馆，1971
　　重印。

《金史纪事本末》，崔文印辑，北京，中华书局，1980。

《靖康稗史》，上海，私人出版，1936。

《旧小说》，上海，商务印书馆，1920。

李心传：《建炎以来系年要录》，国学基本丛书本。

——：《旧闻证误》，北京，中华书局，1983。

——：《道命录》，北部丛书本。

李焘：《续资治通鉴长编》，台北，世界书局，1961。

吕本中：《师友杂记》，丛书集成本。

吕祖谦：《宋文鉴》，四部丛刊本。

马端临：《文献通考》，上海，商务印书馆，1936。

孟元老：《东京梦华录》，北京，中华书局标点本，1956。

《南烬纪闻录》，学海类编本。

潘永因：《宋稗类钞》，1669 年版。

《窃愤续录》，学海类编本。

钱大昕：《十驾斋养新录》，国学基本丛书本。

钱士升：《南宋书》，1797 年编。

邵博：《邵氏闻见后录》，北京，中华书局标点本，1983。

《宋会要辑稿》，北京，中华书局影印 1936 年本，1957。

宋濂：《元史》，北京，中华书局标点本，1977。

《宋史全文续资治通鉴》，台北，文海，1969。

孙应时：《烛湖集》，1803 年版。

唐庚：《眉山集》，四库珍本丛书本。

脱脱：《金史》，北京，中华书局标点本，1975。

——：《宋史》，北京，中华书局标点本，1977。

王偁：《东都事略》，台北，文海，1968。

王夫之：《宋论》，国学基本丛书本。

王明清：《挥麈录》，北京，中华书局标点本，以数序条，1961。

王相：《千家诗》，通行版本极多。

王应麟：《困学纪闻》，国学基本丛书本。

王梓材、冯云濠：《宋元学案补遗》，台北，世界书局，1962。

徐梦莘：《三朝北盟会编》，台北，文海，1962。

杨时：《杨龟山文集》，四部丛刊本。

杨尧弼：《伪齐录》，藕香零拾本。

岳珂:《桯史》,北京,中华书局标点本,1981。

张伯珩:《续近思录》,台北,世界书局,1962。

张世南:《游宦纪闻》,北京,中华书局标点本,1981。

赵鼎:《忠正德文集》,四库珍本丛书本。

周密:《齐东野语》,涵芬楼本。

——:《志雅堂杂钞》,粤雅堂丛书本。

朱熹:《伊洛渊源录》,附谢铎的《新增》,京都,中文出版社,1972。

——:《朱子语类》,黎德靖编,1473 年版,台北,正中书局影印,1962。

庄绰:《鸡肋篇》,北京,中华书局标点本,1983。

C. 中文及日文现代著述

B

白寿彝:《隋唐宋时代的交通》,《中国交通史》3:107—157(1965)。

本田知生:《北宋时代的洛阳与士大夫》,《东洋史研究》38.1:51—85(1939)。

C

草野靖:《南宋行在会子的发展》,《东洋学报》49.1:1—41;49.2:39—75(东京,1966)。

——:《宋代民田的佃作形态》,《史艸》10:72—112(1969)。

——:《从宋史中发现什么》,《史艸》14:16—112(1973)。

昌彼德、王德毅等:《宋人传记资料索引》,6 册,台北,鼎文,1974—1976。

常盘大定:《支那的佛教、儒教与道教》,东京,东洋文库,1930。

《支那佛教的研究》,东京,春秋社,1943。

陈一萍:《北宋的户口》,《食货》新 6.7:21—34(1976)。

陈高华、吴泰:《宋元时期的海外贸易》,天津,天津人民出版社,1981。

陈乐素:《三朝北盟会编考》,《历史语言研究所辑刊》6.2:197—279 和 6.3:281—341(1936)。

迟景德:《宋代宰枢分立制度之演变》,载《宋史研究集》15:35—62(1983)。

存粹学社:《宋辽金史论集》,香港,中文,1971。

D

戴静华:《宋代商税制度简述》,《宋史研究论文集》,165—203。

戴裔煊:《宋代钞盐制度研究》,上海,商务印书馆,1957。

岛田正郎:《辽史》,东京,明德出版社,1975。

邓广铭:《王安石:中国十一世纪的改革家》,修订版,上海,中华书局,1981。

——:《岳飞传》,北京,人民出版社,1983。

邓广铭、程应镠主编:《中国历史大辞典·宋史》,上海,上海辞书出版社,1984。

东洋文库:《青山博士古稀纪念宋代史论丛》,东京,省心书房,1974。

F

范午:《宋辽金元道教年表》,《责善半月刊》2:6—10(1941)。

方豪:《宋史》,台北,中华文化,1954。

——:《宋代人口考实》,载《方豪六十自定稿》,台北,自印,1969。

——:《宋代的科学》,收入"中华学术与现代文化"丛书第三卷《史学论集》,台北,华刚出版有限公司,1983。

G

高桥芳郎:《宋代佃户的身份问题》,《东洋史研究》37.3:64—91(1978)。

高雄义坚:《宋代佛教史的研究》,东京,百华苑,1975。

宫崎市定:《五代宋初的通货问题》,东京,星野书店,1943。

——:《东洋的近世》,大阪,教育时代社,1950。

——:《宋代以后的土地所有形态》,《东洋史研究》12.2:1—34(1952)。

——:《亚细亚史研究》,5册,京都,东洋史研究会,1957—1978。

——:《宋代官制序说》,佐伯富《宋史·职官志索引》序,京都,东洋史研究会,1963。

——:《亚细亚史论考》,3册,东京,朝日新闻社,1976。

谷霁光:《王安石变法与商品经济》,《中华文史论丛》7:71—106(1978)。

关履权:《论北宋初年的集权统一》,《华南师院学报》4:102—107(1980)。

郭朋:《宋元佛教》,福州,福建人民出版社,1981。

H

何湘妃:《南宋高孝两朝王安石评价的变迁过程与分析》,台湾大学硕士论文,1984。

河上光一:《宋代的经济生活》,东京,吉川弘文馆,1966。

洪焕春:《十至十三世纪中国科学的主要成就》,《历史研究》3:27—51(1959)。

——:《宋代的生产技术》,《历史教学》5:8—12(1960)。

洪业:《赵普以半部〈论语〉治天下考》,《清华学报》新 8.1—2:306—336(1970)。

胡道静:《沈括的科学成就的历史环境及其政治倾向》,《文史哲》42:50—56(1956)。

——:《梦溪笔谈补正》,《中华文史论丛》8:111—135(1979)。

胡云翼:《宋诗研究》,上海,商务印书馆,1933。

——:《中国词史》,台北,启明,1958 年重印。

黄敏枝:《宋代寺观与庄园之研究》,《大陆杂志》46.4:26—37(1973)。

荒木敏一:《宋代科举制度研究》,东京,东洋史研究会,1969。

J

季子涯:《宋代手工业简况》,《历史教学》5:10—4(1955)。

吉田寅:《宋代的回易》,《史艸》52:23—32(1954)。

吉川幸次郎:《宋人的历史意识》,《东洋史研究》24.4:1—15(1966)。

贾大泉:《论北宋的兵变》,载《宋史研究论文集》,453—465。

加藤繁:《唐宋时代的金银研究》,2册,东京,东洋文库,1925—1926。

——:《支那经济史考证》,2册,东京,东洋文库,1952—1953。

蒋复璁:《宋史新探》,台北,正中,1966。

金景芳:《中国古代史分期商榷》,《历史研究》2:48—57;3:50—63(1979)。

金中枢:《北宋科举制度研究》,《新亚学报》6.1:205—281;6.2:163—242
(1964)。

——:《论北宋末年之崇尚道教》,《新亚学报》7.2:75—85;8.1:187—257
(1966—1967)。

——:《宋代几种社会福利制度》,《新亚学术年刊》10:127—269(1968)。

——:《宋代三省长官置废之研究》,《新亚学报》11.1:89—149(1974)。

——:《宋代古文运动之发展研究》,载《宋史研究集》10:145—216(1978)。

金毓黻:《宋辽金史》,上海,商务印书馆,1946。

今堀诚二:《宋代冬季失业者的救护事业》,《东洋学报》39.3:228—257(东
京,1956)。

久富寿:《南宋的财政和经总制钱》,《北大史学》9:32—54(1914)。

鞠清远:《南宋官吏与工商业》,《食货》2.8:37—39(1935)。

堀敏一:《战后日本中国史研究中的时代划分问题的现状》,《历史评论》101:
32—43;102:48—59;103:48—54(1984)。

K

柯昌基:《宋代雇佣关系的初步探索》,《历史研究》2:23—48(1957)。

柯敦伯:《宋代文学史》,上海,商务印书馆,1934。

L

李安:《宋高宗赐岳飞死于大理寺考证》,《宋史研究集》4:501—510(1969)。

——:《岳飞在南宋当时的声望和历史地位》,《宋史研究集》6:117—126
(1973)。

黎杰:《宋史》,台北,大新,1964。

李剑农:《宋元明经济史稿》,北京,三联书店,1957。

李春圃:《宋代封建租佃制的九种形式》,《宋史研究论文集》,139—150。

李弘祺:《宋代教育散论》,台北,东升出版事业有限公司,1980。

李唐:《宋徽宗》,香港,宏业,1964。

——:《宋高宗》,香港,宏业,1964。

砺波护:《宋代士大夫的成立》,载小仓芳彦主编《中国文化丛书》第 8 卷,东京,大修馆,1968。

梁庚尧:《南宋的农村经济》,台北,联经,1984。

——:《南宋城市的发展》,《食货》新 10.10:4—27;10.11:21—36(1981)。

梁崑:《宋诗派别论》,上海,商务印书馆,1938。

梁天锡:《宋代之祠禄制度》,《大陆杂志》29.2:14—26(1964)。

——:《北宋台谏制度之转变》,《新亚学术年刊》8:147—193(1966)。

——:《论宋宰辅互兼制度》,《新亚学报》8.2:289—320(1968)。

——:《南宋建炎御营司制度》,《宋史研究集》5:479—491(1971)。

——:《南宋之督府制度》,《宋史研究集》10:229—244(1978)。

林正秋:《南宋时期杭州的经济与文化》,《历史研究》12:42—52(1979)。

《南宋都城临安人口数考察》,《杭州大学学报》1:147—149(1979)。

林瑞翰:《绍兴十二年以前南宋国情之研究》,《宋史研究集》3:215—244(1966)。

林科棠:《宋儒与佛教》,上海,商务印书馆,1928。

林天蔚:《宋史试析》,台北,商务印书馆,1978。

刘鄂公:《说南宋》,台北,平原,1965。

刘伯骥:《宋代政教史》,2 册,台北,中华书局,1971。

刘子健:《王安史、曾布与北宋晚期官僚的类型》,《清华学报》新 2.1:100—127(1960)。

——:《儒教国家的双重性格》,《东方学》20:1—7(1961)。

——:《欧阳修的治学与从政》,香港,新亚研究所,1963。

——:《略论宋代地方官学与私学的消长》,《历史语言研究所集刊》36:237—248(1965)。

——:《宋代考场弊端》,载《庆祝李济先生七十岁论文集》,台北,历史语言研究所,1967。

——:《南宋君主与言官》,《清华学报》新 8.1—2:340—349(1970)。

——:《背海立国与半壁山河》,《中国学人》4:1—4(香港新亚书院,1972)。

——:《包容政治的特点》,《中国学人》5:1—28(1973)。

——:《略论宋代武官群》,载《青山博士古稀纪念宋代史论丛》,东京,省心书房,1974。

——:《刘宰和赈饥》,《北京大学学报》3:53—61;4:41—55(1979)。

柳田节子:《宋代中央集权中文官支配的形成》,《历史学研究》26:2—5(1964)。

——:《宋代佃户制的再检讨》,《历史学研究》35:24—33(1973)。

——:《宋代地主制的公权力》,《东洋文化》55:15—36(1975)。

罗球庆:《北宋兵制研究》,《新亚学报》3.1:167—270(1957)。

麓保孝:《北宋儒学的传播》,东京,书籍文物流通会,1967。

M

马宗霍:《中国经学史》,上海,商务印书馆,1937。

梅原郁:《建炎以来系年要录人名索引》,京都,同朋社,1983。

——:《宋代地方小都市的一面:以镇的变迁为中心》,《史林》41.6:35—51(1958)。

——:《宋代的地方都市》,《历史教育》14.12:52—58(1966)。

——:《宋代都市的税赋》,《东洋史研究》28.4:42—74(1970)。

——:《宋代的内藏与左藏》,《东方学报》42:127—75(京都,1971)。

牟润孙:《从中国的经学看史学》,《新亚书院历史系系刊》2:1—5(1972)。

牧野巽:《近世中国宗族研究》,东京,御茶水书房,1980。

N

内藤戊申:《中国史的时代区分论展望》,《史林》41.4:64—74(1958)。

内藤虎次郎:《中国近世史》,东京,弘文堂,1947。

南京大学:《中国资本主义萌芽问题讨论集·续集》,北京,人民出版社,1960。又见人民大学。

聂崇歧:《论宋太祖收兵权》,《燕京学报》36:85—106(1948)。

——:《宋史丛考》,北京,中华书局,1980。

宁可:《宋代重文轻武风气的形成》,《学林漫录》3:59—66(1981)。

P

彭瀛添:《两宋的邮驿制度》,《史学会刊》8:111—220(1977)。

Q

齐觉生:《南宋县令制度之研究》,《政治大学学报》19:309—370(台北,1969)。

漆侠:《王安石变法》,修订版,上海人民出版社,1979。

钱锺书:《宋诗选注》,北京,人民文学出版社,1958。

钱穆:《论宋代相权》,《中国文化研究会刊》2:145—150(1942)。

——:《国史大纲》,2册,上海,商务印书馆,1947。

——:《宋明理学概述》,台北,中华文化,1953。

——:《朱子新学案》,台北,三民,1971。

钱宝琮:《宋元数学史综述》,北京,国学出版社,1966。

钱冬父:《唐宋古文运动》,上海,中华书局,1962。

青木正儿:《支那文学思想史》,东京,岩波书店,1943。

青山定雄:《唐宋汴河考》,《东方学报》2:1—49(东京,1931)。

——:《北宋漕运法》,载《市村博士古稀纪念东洋史论丛》,东京,富山房,1933。

——:《宋代的邮铺》,《东方学报》6:217—260(东京,1936)。

——:《宋元方志所见社会经济史料》,《东洋学报》25.2:281—297(东京,1938)。

——:《宋代的地图及其特色》,《东洋学报》11.2:1—44(东京,1940)。

——:《五代及宋的江西新兴官僚》,载《和田博士还历纪念东洋史论丛》,东京,讲谈社,1951。

——:《唐宋时代的交通和地志地图研究》,东京,吉川弘文馆,1963。

——:《宋会要研究备要》,东京,东洋文库,1970。

——:《北宋士大夫家族的崛起及其生活伦理》,《东洋学报》57.1—2:35—63(东京,1976)。

全汉昇:《宋代东京对于杭州都市文明的影响》,《食货》2.3:31—34(1935)。

——:《宋代官吏之私营商业》,《历史语言研究所集刊》7.1:91—119(1936)。

——:《宋代广州的国内外贸易》,《历史语言研究所集刊》8.3:303—356(1939)。

——:《宋金间的走私贸易》,《历史语言研究所集刊》11:425—447(1943)。

——:《唐宋政府岁入与货币经济的关系》,《历史语言研究所集刊》20:189—221(1948)。

R

饶宗颐:《三教论与宋金学术》,《东西文化》11:24—32(1968)。

人民大学:《中国资本主义萌芽问题讨论集》,北京,中国人民大学出版社,1957。又见南京大学。

仁井田陞:《唐宋法律文书研究》,东京,东方文化学院,1937。

日比野丈夫:《宋代临安备忘录》,《历史教育》14.6:21—26(1966)。

日野开三郎:《北宋时代铜铁的产量》,《东洋学报》22.1:100—159(京都,1934)。

——:《宋代水稻稻种的出贷及种植苗额考》,《史渊》40:69—108(1949)。

入矢义高:《〈东京梦华录〉的文学性》,《东方学报》20:135—152(京都,1951)。

S

三上次男:《金史研究》,3册,东京,中央公论美术出版,1970—1973。

森克己:《日宋贸易的转折》,《东洋学报》23.4:522—544;24.1:70—99(东京,1936)。

山内正博:《张浚的富平出兵策》,《东洋史研究》19.1:37—56(1960)。

——:《张浚和吴玠与南宋的四川》,《史林》44.1:98—124(1961)。

沈忱农:《宋代伪组织之始末》,《宋史研究集》2:235—244(1964)。

沈起炜:《宋金战争史略》,武汉,湖北人民出版社,1958。

石田幹之助:《有关南海的中国史料》,东京,生活社,1945。

斯波义信:《宋代商业史研究备忘录》,《史学杂志》72.6:49—69(1963)。

——:《10—13世纪中国都市的转型》,《世界史研究》42:22—37(1966)。

——:《宋代商业史研究》,东京,风间书房,1968。又见氏著,*Commerce and Society in Sung China*(《宋代的商业和社会》),见本书目A部分。

——:《宋代湖州镇市的发展》,载《榎博士还历纪念东洋史论丛》,东京,山川出版社,1975。

《四十七种宋代传记综合引得》,洪业等编,北京,哈佛燕京学社,1939。

寺田刚:《宋代教育史概说》,东京,博文社,1965。

寺地遵:《对秦桧之后政治进程的若干考察》,《东洋史研究》35.3:87—113(1976)。

——:《建炎、绍兴年间的政治过程的若干考察》,《广岛大学文学部纪要》38.2:52—74(1978)。

宋史提要编纂协力委员会:《宋代研究文献提要》及补编二,青山定雄主编,东京,东洋文库,1961—1970。

——:《宋代史年表》,东京,东洋文库,1967—1974。

——:《宋人传记索引》,东京,东洋文库,1968。

宋晞:《宋商在宋丽贸易中的贡献》,《史学会刊》8:83—109(1977)。

——:《宋史研究论丛》,台北,中国文化研究所,1979、1980。

——:《宋史研究论文与书籍目录》,台北,中国文化大学,1983。

《宋史论集》,庄昭编,河南省,中州书画社,1983。

《宋史研究集》,宋史座谈会编,宋晞主编,台北,中华丛书委员会,1968。

《宋史研究集》,河南师大宋史研究室编,开封,《河南师大学报》,1984。

《宋史研究论文集》,邓广铭、程应镠主编:《宋史研究会会刊》,上海,上海古籍出版社,1982。

薮内清:《官僚政治与中国中世的科学》,《科学史研究》59:1—7(1961)。

——:《中国中世科学技术史研究》,东京,角川书店,1963。

——:《宋元时代的科学技术史》,京都,人文科学研究所,1967。

——:《中国的天文历法》,东京,平凡社,1969。

——:《中国的科学文明》,东京,岩波书店,1970。

——:《中国的数学》,东京,岩波书店,1974。

苏金源:《论宋代客户的人身依附关系》,《宋史研究论文集》,76—88。

李春圃:《宋代三次农民起义史料汇编》,北京,中华书局,1963。

孙克宽:《宋元道教之发展》,台中,东海大学,1965—1968。

孙国栋:《唐宋史论丛》,香港,龙门书局,1980。

孙葆:《唐宋元海上商业政策》,台北,正中书局,1969。

T

唐圭章:《宋词三百首笺注》,上海,神州国光社,1947。

陶晋生:《边疆史研究集:宋金时期》,台北,商务印书馆,1961。

《金海陵帝的伐宋与采石战役的考实》,台北,台湾大学,1963。

陶希圣:《北宋初期的经济财政诸问题》,《食货》2.2:29—36(1935)。

藤田豊八:《东西交涉史研究:南海篇》,东京,冈书院,1932。

天野元之助:《陈敷的〈农书〉与水稻灌溉技术的推广》,《东方学报》19:23—64;21:37—133(京都,1950、1952)。

——:《宋代的农业及其社会结构》,《人文研究》14.6:1—42(1963)。

——:《中国农具的发展》,《东洋学报》47.4:57—84(京都,1965)。

——:《中国农业史研究(增补版)》,京都,东洋史研究会,1979。

W

窪德忠:《宋代的新道教教团》,《历史教育》12.8:53—59(1964)。

《中国的宗教改革:全真教的成立》,东京,法藏馆,1967。

王继:《续资治通鉴纂修刊刻考略》,《史学研究》2:56—67(1982)。

王志瑞:《宋元经济史》,台北,商务印书馆重印,1964。

王方中:《宋代民营手工业的社会经济性质》,《历史研究》2:39—57(1959)。

王槐龄:《有关宋代差役的几个问题》,《宋史研究论文集》151—203。

王民信:《辽宋澶渊盟约缔结的背景》,《书目季刊》9.2:34—49;9.3:45—56;9.4:53—64(1957—1976)。

王明荪:《金初的功臣集团及其对宋金关系的影响》,《宋史研究集》15:199—226(1983)。

王德毅:《宋史研究论集》,卷1,台北,商务印书馆,1968;卷2,台北,鼎文,1972。

——:《宋代灾荒的救济政策》,台北,商务印书馆,1970。

——:《徐梦莘年谱》,《宋史研究集》8:505—532(1976)。

——:《李心传年谱》,《宋史研究集》9:513—574(1977)。

王曾瑜:《宋朝的差役和形势户》,《历史学》1:64—73(1979)。

——:《宋朝阶级结构概述》,《社会科学战线》4:128—136(1979)。

——:《宋朝兵制初探》,北京,中华书局,1983。

——:《岳飞新传》,上海人民出版社,1984。

王桐龄:《宋辽之关系》,《清华学报》4.2:1343—1351(1929)。

吴天颖:《论宋代四川制盐业中的生产关系》,《文史哲》1:73—79(1964)。

吴虞:《吴虞文录》,上海,亚东书局,1921。

X

夏承焘:《唐宋词论丛》,上海,古典文献出版社,1956。

——:《龙川词校笺》,上海,中华书局,1961。

夏君虞:《宋学概要》,上海,商务印书馆,1937。

萧公权:《中国政治思想史》,重庆,商务印书馆,1945。

小岩井弘光:《南宋初期的军制》,《集刊东洋学》28:105—130(1972)。

徐规、周梦江:《宋代两浙的海外贸易》,《杭州大学学报》1:137—146(1979)。

徐秉愉:《宋高宗之对金政策》,台湾大学硕士论文,1984。

Y

杨联陞:《西湖老人繁盛录校证》,《华岗学报》1:113—122(1965)。

杨树藩:《宋代宰相制度》,《宋史研究集》15:1—34(1983)。

姚从吾:《东北史论丛》,台北,正中,1959。

——:《辽金元史论文》,台北,正中,1981。

叶鸿洒:《试论宋代书院制度之产生及其影响》,《宋史研究集》9:417—474
(1977)。

野上俊静:《辽金的佛教》,京都,平乐寺书店,1953。

衣川强:《宋代宰相考》,《东洋史研究》29.4:36—76(1966)。

——:《论宋代的俸给》,《东方学报》41:415—466(京都,1970)。

——:《秦桧的讲和政策》,《东方学报》45:245—294(京都,1973)。

——:《〈宋元学案〉·〈宋元学案补遗〉人名字号别名索引》,京都,人文科学
研究所,1979。

余嘉锡:《余嘉锡论学杂著》,北京,中华书局,1963。

袁震:《宋代户口》,《历史研究》3:9—46(1957)。

Z

曾我部静雄:《开封与杭州》,东京,富山房,1940。

——:《宋代财政史》,东京,生活社,1966。

——:《日宋金货币交流史》,东京,宝文馆,1949。

——:《宋代政经史研究》,东京,吉川弘文馆,1974。

——:《中国社会经济史研究》,东京,吉川弘文馆,1976。

张家驹：《宋室南渡后的南方都市》，《食货》1. 10:36—43(1935)。

——：《中国社会中心之转移》，《文史杂志》11. 3:21—28(1942)。

——：《两宋经济重心的南移》，武汉，湖北人民出版社，1957。

《沈括》，上海，上海人民出版社，1962。

张健：《宋金四家文学批评研究》，台北，联经，1975。

张孟伦：《宋代兴亡史》，上海，商务印书馆，1948。

张荫麟：《沈括编年事辑》，《清华学报》11. 2:323—358(1936)。

赵冈：《宋元以来棉花种植之推广》，《幼狮月刊》45. 11:25—29(1977)。

赵俪生：《试论两宋土地关系的特点》，《吉林师大学报》1:36—47(1979)。

塚本善隆：《宋代的财政困难与佛教》，载《桑原博士还历纪念东洋史论丛》，东京，弘文堂，1931。

竺沙雅章：《中国佛教社会史研究》，东京，同朋舍，1982。

周道济：《宋代宰相名称与其实权之研究》，载《宋史研究集》3：248—264(1966)。

周藤吉之：《宋代官僚制与大地主所有》，东京，日本评论社，1950。

——：《中国土地制度史研究》，东京，东洋文库研究所，1954。

《宋代经济史研究》，东京，东京大学出版社，1962。

《唐宋社会经济史研究》，东京，东京大学出版社，1965。

《宋代史研究》，东京，东洋文库，1969。

朱楔：《宋金议和之新分析》，载《宋史研究集》12：147—168(1980)。

朱家源：《谈谈宋代的乡村中户》，载《宋史研究论文集》，57—75。

朱希祖：《伪楚录缉补》，台北，正中，1955。

朱士嘉：《宋元方志传记索引》，上海，中华书局，1963。

佐伯富：《宋史职官志索引》，京都，东洋史研究会，1963。

《近世中国的都市与农村》，《历史教育》14. 12:66—72(1966)。

《宋代的新文化》，东京，人物往来社，1967。

《岩波讲座世界历史》，第9卷，东京，岩波书店，1970。

《中国史研究》，2册，京都，东洋史研究会，1969—1977。

"海外中国研究丛书"书目

79. 德国与中华民国　[美]柯伟林 著　陈谦平 陈红民 武菁 申晓云 译　钱乘旦 校

80. 中国近代经济史研究:清末海关财政与通商口岸市场圈　[日]滨下武志 著　高淑娟 孙彬 译

81. 回应革命与改革:皖北李村的社会变迁与延续　韩敏 著　陆益龙 徐新玉 译

82. 中国现代文学与电影中的城市:空间、时间与性别构形　[美]张英进 著　秦立彦 译

83. 现代的诱惑:书写半殖民地中国的现代主义(1917—1937)　[美]史书美 著　何恬 译

84. 开放的帝国:1600年前的中国历史　[美]芮乐伟·韩森 著　梁侃 邹劲风 译

85. 改良与革命:辛亥革命在两湖　[美]周锡瑞 著　杨慎之 译

86. 章学诚的生平与思想　[美]倪德卫 著　杨立华 译

87. 卫生的现代性:中国通商口岸健康与疾病的意义　[美]罗芙芸 著　向磊 译

88. 道与庶道:宋代以来的道教、民间信仰和神灵模式　[美]韩明士 著　皮庆生 译

89. 间谍王:戴笠与中国特工　[美]魏斐德 著　梁禾 译

90. 中国的女性与性相:1949年以来的性别话语　[英]艾华 著　施施 译

91. 近代中国的犯罪、惩罚与监狱　[荷]冯客 著　徐有威 等译　潘兴明 校

92. 帝国的隐喻:中国民间宗教　[英]王斯福 著　赵旭东 译

93. 王弼《老子注》研究　[德]瓦格纳 著　杨立华 译

94. 寻求正义:1905—1906年的抵制美货运动　[美]王冠华 著　刘甜甜 译

95. 传统中国日常生活中的协商:中古契约研究　[美]韩森 著　鲁西奇 译

96. 从民族国家拯救历史:民族主义话语与中国现代史研究　[美]杜赞奇 著　王宪明 高继美 李海燕 李点 译

97. 欧几里得在中国:汉译《几何原本》的源流与影响　[荷]安国风 著　纪志刚 郑诚 郑方磊 译

98. 十八世纪中国社会　[美]韩书瑞 罗友枝 著　陈仲丹 译

99. 中国与达尔文　[美]浦嘉珉 著　钟永强 译

100. 私人领域的变形:唐宋诗词中的园林与玩好　[美]杨晓山 著　文韬 译

101. 理解农民中国:社会科学哲学的案例研究　[美]李丹 著　张天虹 张洪云 张胜波 译

102. 山东叛乱:1774年的王伦起义　[美]韩书瑞 著　刘平 唐雁超 译

103. 毁灭的种子:战争与革命中的国民党中国(1937—1949)　[美]易劳逸 著　王建朗 王贤知 贾维 译

104. 缠足:"金莲崇拜"盛极而衰的演变　[美]高彦颐 著　苗延威 译

105. 饕餮之欲:当代中国的食与色　[美]冯珠娣 著　郭乙瑶 马磊 江素侠 译

106. 翻译的传说:中国新女性的形成(1898—1918)　胡缨 著　龙瑜成 彭珊珊 译

107. 中国的经济革命:20世纪的乡村工业　[日]顾琳 著　王玉茹 张玮 李进霞 译

108. 礼物、关系学与国家:中国人际关系与主体性建构　杨美惠 著　赵旭东 孙珉 译　张跃宏 译校

109. 朱熹的思维世界　[美]田浩 著

110. 皇帝和祖宗:华南的国家与宗族　[英]科大卫 著　卜永坚 译

111. 明清时代东亚海域的文化交流　[日]松浦章 著　郑洁西 等译

112. 中国美学问题　[美]苏源熙 著　卞东波 译　张强强 朱霞欢 校

113. 清代内河水运史研究　[日]松浦章 著　董科 译

114. 大萧条时期的中国:市场、国家与世界经济　[日]城山智子 著　孟凡礼 尚国敏 译　唐磊 校

115. 美国的中国形象(1931—1949)　[美]T. 克里斯托弗·杰斯普森 著　姜智芹 译

116. 技术与性别:晚期帝制中国的权力经纬　[英]白馥兰 著　江湄 邓京力 译